Sommaire

LE DROIT D'ACCÈS À UNE ACTIVITÉ PROFESSIONNELLE

1

COMPÉTENCE ATTENDUE

- Analyser tout ou partie d'un engagement professionnel et en tirer les conséquences juridiques.

Le décret d'Allarde et la loi Le Chapelier

Loi du 2-17 mars 1791 (décret d'Allarde)

« [...] Il sera libre à toute personne de faire tel négoce ou d'exercer telle profession, art ou métier qu'elle trouvera bon [...]. »

Loi des 14-17 juin 1791 (loi Le Chapelier)

« Art. 1. L'anéantissement de toutes espèces de corporations des citoyens du même état ou profession étant une des bases fondamentales de la Constitution française, il est défendu de les rétablir de fait, sous quelque prétexte et quelque forme que ce soit. [...] »

Extrait du Préambule de la Constitution française de 1848 (IIe République)

[...] VIII - La République doit protéger le citoyen dans sa personne, sa famille, sa religion, sa propriété, son travail, et mettre à la portée de chacun l'instruction indispensable à tous les hommes ; elle doit, par une assistance fraternelle, assurer l'existence des citoyens nécessiteux, soit en leur procurant du travail dans les limites de ses ressources, soit en donnant, à défaut de la famille, des secours à ceux qui sont hors d'état de travailler.

En vue de l'accomplissement de tous ces devoirs, et pour la garantie de tous ces droits, l'Assemblée nationale, fidèle aux traditions des grandes assemblées qui ont inauguré la Révolution française, décrète, ainsi qu'il suit, la Constitution de la République. [...]

1. Expliquez le sens des extraits du décret d'Allarde et de la Loi Le Chapelier de 1791 à la lumière du contexte dans lequel ces textes ont été adoptés.
2. Rappelez le contexte dans lequel la Constitution de 1848 a été adoptée. Quelle(s) garantie(s) ce texte offre-t-il en ce qui concerne le travail ?
3. Quels sont les enjeux généraux et actuels du droit d'accès à une activité professionnelle ?

Sommaire

I. LES SOURCES DU DROIT DU TRAVAIL

DOCUMENT 1

Le droit du travail communautaire

Cinquante-trois ans après le traité de Rome, « l'Europe sociale » existe-t-elle ? Pas sûr. Le 25 mars 1957, la création de la CEE (Communauté *économique* européenne) était destinée à créer un « Marché commun » à six : à cette époque des Trente Glorieuses, ses fondateurs pensaient que la croissance économique ferait naturellement progresser le social. [...] Après l'âge d'or de l'harmonisation européenne (1974-1985) qui a vu se multiplier les directives importantes (licenciement collectif, transferts d'entreprises, garanties contre l'insolvabilité de l'employeur), le vent du libéralisme bruxellois fait aujourd'hui apparaître le droit du travail comme un frein au développement économique, un empêcheur de libéraliser en rond, bref une entorse au fondamentalisme économique régnant en maître jusqu'à la crise de 2009.

J.-E. Ray, *Droit du travail, droit vivant*, Éditions Liaisons, 2010-2011

1. Rappelez quel est, depuis 1957, le moyen économique retenu afin de rapprocher les peuples de l'Union européenne. Pourquoi pensait-on à l'époque que cet objectif purement économique assurerait l'existence d'une « Europe sociale » ?
2. Cet objectif économique central a conduit à l'élaboration d'un véritable droit de l'Union européenne. Rappelez la place de ce droit dans la hiérarchie des normes.
3. Quelle est, selon l'auteur, la logique économique qui sous-tend la construction européenne et donc le droit de l'Union européenne depuis ces vingt-cinq dernières années ?

DOCUMENT 2

Le « bloc de constitutionnalité »

Les rédacteurs de la Constitution de 1958 ont porté leur attention presque exclusivement sur le système normatif et sur l'équilibre institutionnel des pouvoirs dans le corps même de la Constitution. S'agissant des droits fondamentaux, ils se sont bornés à introduire dès la première phrase du préambule la formule selon laquelle **« le peuple français proclame solennellement son attachement aux droits de l'homme** et aux principes de la souveraineté nationale tels qu'ils ont été définis dans la Déclaration de 1789, confirmée et complétée par le préambule de la Constitution de 1946 ».

On aurait pu penser que cette référence à deux textes constitutionnels antérieurs était purement symbolique. Il n'en a rien été dans la mesure où dans sa décision du 16 juillet 1971 relative à la liberté d'association, le Conseil constitutionnel a reconnu la valeur juridique du Préambule de la Constitution de 1958 et, par voie de conséquence, des deux textes auxquels celui-ci renvoie.

Constitution de la République française, texte intégral présenté par F. Mélin-Soucramanien, édition 2010

1. Rappelez ce qu'est le « bloc de constitutionnalité » et sa place dans la hiérarchie des normes.
2. Quels types de règles pose la Déclaration des droits de l'homme et du citoyen de 1789 et le Préambule de la Constitution de 1946 ?

II. LE PRINCIPE DE LIBRE ACCÈS À UNE ACTIVITÉ PROFESSIONNELLE

1 Un principe du droit de l'Union européenne

DOCUMENT 3

Extraits du traité sur le fonctionnement de l'Union européenne

Article 45

1. La libre circulation des travailleurs est assurée à l'intérieur de l'Union. […]

Article 49

[…] Les restrictions à la liberté d'établissement des ressortissants d'un État membre dans le territoire d'un autre État membre sont interdites […].

Article 56

[…] Les restrictions à la libre prestation des services à l'intérieur de l'Union sont interdites […].

DOCUMENT 4

Extraits de la charte des droits fondamentaux de l'Union européenne

Article 15 – Liberté professionnelle et droit de travailler

Toute personne a le droit de travailler et d'exercer une profession librement choisie ou acceptée.
Tout citoyen de l'Union a la liberté de chercher un emploi, de travailler, de s'établir ou de fournir des services dans tout Étatmembre. […]

Article 16 – Liberté d'entreprise

La liberté d'entreprise est reconnue conformément au droit de l'Union et aux législations et pratiques nationales.

1. En quoi peut-on dire que le droit de l'Union européenne interdit les entraves au libre accès à une activité professionnelle ?
2. En quoi les droits et libertés garantis par le droit de l'Union européenne s'inscrivent parfaitement dans la logique économique et libérale de la construction européenne ?

2 Un principe constitutionnel

DOCUMENT 5

Le droit d'accès à une activité professionnelle : un droit constitutionnel

Préambule de la Constitution de 1946 (extraits)

5. Chacun a le devoir de travailler et le droit d'obtenir un emploi. […]

6. Tout homme peut défendre ses droits et ses intérêts par l'action syndicale et adhérer au syndicat de son choix.

7. Le droit de grève s'exerce dans le cadre des lois qui le réglementent.

Déclaration des Droits de l'homme et du citoyen de 1789 (extraits)

Article 2 –. Les hommes naissent et demeures libres et égaux en droits. […]

Article 4 –. La liberté consiste à pouvoir faire tout ce qui ne nuit pas à autrui. […].

Affirmation de la liberté d'entreprendre (extrait de la décision du Conseil constitutionnel du 16 janvier 1982)

Considérant que […] la liberté qui, aux termes de l'article 4 de la Déclaration, consiste à pouvoir faire tout ce qui ne nuit pas à autrui, ne saurait elle-même être préservée si des restrictions arbitraires ou abusives étaient apportées à la liberté d'entreprendre […].

1. Rappelez la philosophie de la Déclaration des droits de l'homme et du citoyen ainsi que le contexte ayant conduit à l'élaboration de ce texte, et celle du Préambule de la Constitution de 1946. En quoi les droits et libertés proclamés par ces deux textes sont-ils différents ?
2. En quoi peut-on dire que la Constitution française reconnaît le droit d'accès à une activité professionnelle ?

III. LA PORTÉE DU DROIT D'ACCÈS À UNE ACTIVITÉ PROFESSIONNELLE

DOCUMENT 6

La liberté professionnelle : la liberté d'entreprendre et la liberté du travail

La liberté professionnelle se décline sous deux formes différentes. Elle correspond pour le travailleur indépendant à la liberté d'entreprendre (ou liberté du commerce et de l'industrie ; pour celui qui travaille pour autrui, à la liberté du travail. La liberté du travail s'oppose à un engagement illimité vis-à-vis de l'employeur empêchant le salarié de changer d'emploi, à toute pression syndicale ou collective sur le salarié ainsi qu'au travail forcé notamment.

Foucher

DOCUMENT 7

Extraits de la décision du Conseil constitutionnel du 12 janvier 2002 relative à la loi de modernisation sociale

Considérant qu'il incombe au législateur [...] d'assurer la mise en œuvre des principes économiques et sociaux du Préambule de la Constitution de 1946, tout en les conciliant avec les libertés constitutionnellement garanties ; que, pour poser des règles propres à assurer au mieux, conformément au cinquième alinéa du Préambule de la Constitution de 1946, le droit pour chacun d'obtenir un emploi, il peut apporter à la liberté d'entreprendre des limitations liées à cette exigence constitutionnelle, à la condition qu'il n'en résulte pas d'atteinte disproportionnée au regard de l'objectif poursuivi ; [...]

Considérant que le cumul des contraintes que cette définition* fait ainsi peser sur la gestion de l'entreprise a pour effet de ne permettre à l'entreprise de licencier que si sa pérennité est en cause ; qu'en édictant ces dispositions, le législateur a porté à la liberté d'entreprendre une atteinte manifestement excessive au regard de l'objectif poursuivi du maintien de l'emploi ; que, dès lors, les dispositions de l'article 107 doivent être déclarées non conformes à la Constitution [...].

** La nouvelle définition du licenciement économique, explicitée en amont dans la décision.*

DOCUMENT 8

Le droit au travail (ou droit à l'emploi)

[...] Le Préambule de la Constitution du 27 octobre 1946 dispose [...] que : « Chacun a le devoir de travailler et le droit d'obtenir un emploi » (art. 5). Certains ont pu voir dans ce membre de phrase posant en principe le droit au travail, l'inspiration socialisante du Préambule de 1946. [...] Néanmoins, le Conseil constitutionnel a coupé court aux interprétations les plus « jusqu'au-boutistes » de cet alinéa du préambule de 1946. En effet, dans une décision de 1983, il a énoncé que ce texte faisait seulement peser une obligation de moyens sur le législateur, à qui il appartient « de poser les règles propres à assurer au mieux le droit pour chacun d'obtenir un emploi en vue de permettre l'exercice de ce droit au plus grand nombre d'intéressés ».

www.vie-publique.fr

1. Quelles libertés le concept de liberté professionnelle recouvre-t-il ? S'agit-il d'un principe aujourd'hui effectif en droit français ?
2. Le droit à l'emploi (ou droit au travail) signifie-t-il que tout individu puisse exiger un travail ? Quel en est alors le sens ?
3. Pourrait-on, selon vous, envisager de donner au droit à l'emploi le sens suggéré à la question 2 ? Développez des arguments, tant au niveau juridique qu'économique.

COMPÉTENCE ATTENDUE
- Analyser tout ou partie d'un engagement professionnel et en tirer les conséquences juridiques.

La liberté du travail

Mise en situation

Vous travaillez au sein d'une structure syndicale. Votre supérieur projette de concevoir des supports permettant notamment de présenter à un auditoire de salariés certains principes fondamentaux, comme la liberté d'entreprendre, le droit d'obtenir un emploi et la liberté du travail. Il vous confie la rédaction d'une note relative à la liberté du travail.

TRAVAIL À FAIRE

Élaborez, à partir des documents ci-dessous et de vos connaissances, une note structurée permettant de circonscrire la notion de liberté du travail en droit français aujourd'hui, en présentant les principales acceptions de cette notion.

Un groupe de bagnards condamnés aux travaux forcés, Nouvelle Calédonie, 1904

DOCUMENT 9

Extraits du Code pénal

Article 131-8

Lorsqu'un délit est puni d'une peine d'emprisonnement, la juridiction peut prescrire, à la place de l'emprisonnement, que le condamné accomplira, pour une durée de vingt à deux cent dix heures, un travail d'intérêt général non rémunéré au profit, soit d'une personne morale de droit public, soit d'une personne morale de droit privé chargée d'une mission de service public, ou d'une association habilitée à mettre en œuvre des travaux d'intérêt général.

La peine de travail d'intérêt général ne peut être prononcée contre le prévenu qui la refuse ou qui n'est pas présent à l'audience. Le président du tribunal, avant le prononcé du jugement, informe le prévenu de son droit de refuser l'accomplissement d'un travail d'intérêt général et reçoit sa réponse.

Article 431-1

Le fait d'entraver, d'une manière concertée et à l'aide de menaces, l'exercice de la liberté d'expression, du travail, d'association, de réunion ou de manifestation est puni d'un an d'emprisonnement et de 15 000 euros d'amende.

Le fait d'entraver, d'une manière concertée et à l'aide de coups, violences, voies de fait, destructions ou dégradations au sens du présent Code, l'exercice d'une des libertés visées à l'alinéa précédent est puni de trois ans d'emprisonnement et de 45 000 euros d'amende.

DOCUMENT 10

Extrait de la décision du Conseil constitutionnel du 20 juillet 1983 à propos de la loi relative à la démocratisation du secteur public

Considérant [...] que la disposition critiquée ne saurait permettre que soit imposé en droit ou en fait, directement ou indirectement, l'adhésion ou le maintien de l'adhésion des salariés d'une entreprise à une organisation syndicale ; qu'il appartiendrait à la direction des entreprises intéressées de refuser de souscrire à toute clause tendant à un tel résultat et, le cas échéant, aux juridictions compétentes, d'en prononcer la nullité ou d'en interdire l'application [...].

DOCUMENT 11

Arrêt de la chambre sociale de la Cour de cassation du 19 décembre 2007 (extraits)

Attendu que, selon l'arrêt attaqué (Versailles, 29 juin 2005), M. X..., engagé par la société Drostub en qualité d'agent de fabrication le 15 juillet 1975, a participé du 11 au 19 septembre 2001 à un mouvement de grève ; qu'il a été licencié pour faute lourde le 24 septembre 2001;

Attendu que M. X... fait grief à l'arrêt attaqué d'avoir jugé son licenciement fondé sur une faute lourde [...] ;

Mais attendu qu'après avoir constaté qu'il ressortait d'un constat d'huissier de justice, que le salarié était présent parmi les membres du piquet de grève barrant la route d'accès à l'usine, la cour d'appel a relevé que malgré la notification faite par cet officier ministériel de l'ordonnance de référé interdisant d'empêcher l'accès au chantier, l'intéressé avait refusé d'obtempérer en maintenant le barrage qui fermait la route d'accès ; qu'elle a ainsi caractérisé la participation active du salarié à une entrave à la liberté du travail, constitutive d'une faute lourde ; [...]

Par ces motifs : rejette le pourvoi ; condamne M. X... aux dépens [...].

DOCUMENT 12

La possibilité du cumul d'emplois

Il n'y a pas de fondement juridique interdisant le cumul d'emplois, qui se traduit par l'exercice de deux ou plusieurs emplois sous forme de contrat de travail à durée déterminée ou indéterminée. Cependant, certaines conjonctures le rendent incompatible. Il entre donc dans la théorie de la liberté du travail, mais cette liberté a des limites...

Le cumul d'emplois constitue un choix pour le travailleur de compléter un travail à temps partiel ou d'intensifier un poste à temps complet. [...] Le salarié du secteur privé, à temps complet ou partiel, peut cumuler plusieurs emplois, à condition de respecter la réglementation sur la durée maximale du travail. [...]

www.netpme.fr

DOCUMENT 13

Extrait de la Convention de sauvegarde des droits de l'homme et des libertés fondamentales*

Article 4 – Interdiction de l'esclavage et du travail forcé

1. Nul ne peut être tenu en esclavage ni en servitude.
2. Nul ne peut être astreint à accomplir un travail forcé ou obligatoire.

Traité ouvert à la signature des États membres du Conseil de l'Europe à Rome, le 4 novembre 1950 (ratifié par la France le 3 mai 1974).

DOCUMENT 14

Article L. 1231-1 du Code du travail

Le contrat de travail à durée indéterminée peut être rompu à l'initiative de l'employeur ou du salarié, ou d'un commun accord, dans les conditions prévues par les dispositions du présent titre. [...]

LES DIFFÉRENTS RÉGIMES JURIDIQUES DU TRAVAIL

2

COMPÉTENCES ATTENDUES

- Identifier les différents régimes de travail et leurs effets dans une situation donnée.
- Vérifier la légalité des formalités ou des conditions d'accès à une profession et d'une procédure de recrutement.
- Apprécier l'opportunité du choix d'un statut dans une situation donnée.

Comment s'installer à son compte en tant qu'avocat ?
Est-on alors soumis au droit du travail ?

Comment devient-on policier ?
Dépend-on alors d'un régime de travail spécifique ?

Vous passez des entretiens d'embauche.
Quels sont vos droits et le statut qui vous attend ?

À qui le droit du travail s'applique-t-il ?

Le droit du travail : ne s'agirait-il pas de publicité mensongère ? Car il ne s'applique pas à tous les travailleurs mais seulement aux salariés qui, comme leur nom l'indique, perçoivent un salaire dans le cadre de l'exécution d'un contrat de travail. […] Sont donc exclus du droit du travail subordonné les 560 000 artisans, 730 000 commerçants, 290 000 professions libérales et autres travailleurs indépendants (soit environ 11 % de la population active en France). Mais également, car ils sont couverts par un statut de droit public, les fonctionnaires de l'État (2,4 millions), territoriaux (1,8 million) et assimilés (hôpitaux publics : 1 million). Restent tout de même soumis au volumineux Code du travail français les 17 millions de salariés actifs dans le secteur privé. Les rythmes de notre société sont […] salariaux.

J.-E. Ray, *Droit du travail, droit vivant*, Éditions Liaisons, 2010-2011

1. Quels sont les trois régimes de travail possibles pour un individu ?
2. Que signifie l'expression « travail subordonné » ? Quel(s) régime(s) du travail correspond(ent) à cette situation ? Justifiez votre réponse.
3. Rappelez à qui s'applique le droit du travail et les principales caractéristiques de ce droit.

Sommaire

I. LE RÉGIME JURIDIQUE DU SALARIÉ

1 Le lien de subordination

DOCUMENT 1

Définitions du contrat de travail et du lien de subordination

Le contrat de travail est une convention par laquelle une personne s'engage à mettre son activité à la disposition d'une autre sous la subordination de laquelle elle se place, moyennant une rémunération.

G. Lyon-Caen

Le lien de subordination est caractérisé par l'exécution d'un travail sous l'autorité d'un employeur qui a le pouvoir de donner des ordres et des directives, d'en contrôler l'exécution et de sanctionner les manquements de son subordonné.

Cour de cassation, chambre sociale, 13 novembre 1996

DOCUMENT 2

Le principe de réalité

Attendu que les sociétés font grief à l'arrêt du 7 avril 2005 de [...] requalifier le contrat liant les parties en contrat de travail, alors, selon le moyen :

[...] qu'en jugeant les parties au contrat de location liées par un contrat de travail en se fondant à tort sur des éléments impropres à caractériser le lien de subordination, la cour d'appel a violé par fausse application les articles L. 1411-1 et L. 1221-1 du Code du travail et, par refus d'application les articles 1713 et suivants du Code civil ;

Mais attendu qu'ayant rappelé que les contrats de « location » conclus pour une durée de trois mois tacitement renouvelables de mois en mois imposaient, à peine de résiliation sans préavis, de nombreuses obligations strictes, maintenues nonobstant la survenance d'un quelconque événement, relatives à l'utilisation du véhicule par le seul locataire et son entretien par le seul loueur, moyennant le règlement chaque semaine d'un acompte de 4 300 francs sur la location et le versement des charges sociales, a souverainement retenu, [...] qu'il n'était pas démontré que les conditions d'exercice de l'activité aient été différentes de celles prévues dans les contrats de « location » ;

Qu'en l'état de ses constatations, d'où il résulte que, nonobstant les dénomination et qualification données au contrat litigieux, le locataire était en fait placé dans l'obligation de se livrer à une activité quotidienne particulièrement soutenue excluant toute liberté dans l'organisation du travail et le plaçant dans un état de subordination à l'égard des sociétés, la cour d'appel [...] a exactement décidé que, sous l'apparence de contrats de « location d'un véhicule de taxi » était en réalité dissimulée l'existence d'un contrat de travail ;

D'où il suit que le moyen, inopérant en sa première branche, n'est pas fondé [...].

Cour de cassation, chambre sociale, 6 octobre 2010

1. Quels sont les trois éléments constitutifs du contrat de travail ?
2. Présentez, en les reformulant, les faits, les prétentions des parties au litige et l'argumentation de la Cour de cassation dans l'affaire exposée dans le document 2.
3. Expliquez ensuite ce qu'est le « principe de réalité » en droit du travail. Déduisez-en quel est, parmi les trois critères du contrat de travail, le critère déterminant.

2 Les règles encadrant le recrutement

DOCUMENT 3

Extraits du Code du travail

Art. L. 1221-6. – Les informations demandées, sous quelque forme que ce soit, au candidat à un emploi ne peuvent avoir comme finalité que d'apprécier sa capacité à occuper l'emploi proposé ou ses aptitudes professionnelles. Ces informations doivent présenter un lien direct et nécessaire avec l'emploi proposé ou avec l'évaluation des aptitudes professionnelles. [...]

Art. L. 1221-8. – Le candidat à un emploi est expressément informé, préalablement à leur mise en œuvre, des méthodes et techniques d'aide au recrutement utilisées à son égard. Les résultats obtenus sont confidentiels. Les méthodes et techniques d'aide au recrutement ou d'évaluation des candidats à un emploi doivent être pertinentes au regard de la finalité poursuivie.

Art. L. 2323-32. – Le comité d'entreprise est informé, préalablement à leur utilisation, sur les méthodes ou techniques d'aide au recrutement des candidats à un emploi ainsi que sur toute modification de celles-ci. [...]

1. Pourquoi peut-on dire que les règles fixées par les articles L. 1221-6 et L. 1221-8 du Code du travail garantissent le respect des libertés individuelles et des droits fondamentaux du candidat lors de l'embauche ?
2. Quel est le but de l'alinéa 1er de l'article L. 2323-32 présenté dans le document 3 ? En quoi cette obligation d'information est-elle sans doute plus efficace qu'une interdiction ?

DOCUMENT 4

L'interdiction des discriminations à l'embauche

Article L. 1132-1 du Code du travail

Aucune personne ne peut être écartée d'une procédure de recrutement [...] en raison de son origine, de son sexe, de ses mœurs, de son orientation sexuelle, de son âge, de sa situation de famille ou de sa grossesse, de ses caractéristiques génétiques, de son appartenance ou de sa non-appartenance, vraie ou supposée, à une ethnie, une nation ou à une race, de ses opinions politiques, de ses activités syndicales ou mutualistes, de ses convictions religieuses, de son apparence physique, de son nom de famille, ou en raison de son état de santé ou de son handicap.

DOCUMENT 5

Les tests de discrimination

Le test de discrimination, aussi appelé *testing*, permet de déceler des discriminations [...] souvent dissimulées derrière de mauvais prétextes (ex. : l'emploi a déjà été attribué, etc.).

Ce mode de preuve consiste à comparer le traitement réservé à des personnes « de référence » avec celui réservé à des personnes susceptibles d'être discriminées [...].

Les tests de discrimination, conduits par les associations dans les années 1990, ont conduit à la reconnaissance de ce mode de preuve en droit pénal par la Cour de cassation dans un arrêt du 11 juin 2000. La loi n° 2006-396 du 31 mars 2006 pour l'égalité des chances a légalisé le test en matière pénale.

www.halde.fr (Haute Autorité de lutte contre les discriminations et pour l'égalité)

1. Quel est le principe posé par l'article L. 1132-1 du Code du travail ?
2. Quel est le principal obstacle à l'effectivité d'une telle règle de droit ?
3. Expliquez en quoi consistent les tests de discrimination et quelle est leur utilité.

II. LE RÉGIME JURIDIQUE DU FONCTIONNAIRE

1 Le statut de fonctionnaire

DOCUMENT 6

La notion de fonctionnaire

La définition du fonctionnaire [...] peut être logiquement déduite de dispositions législatives convergentes. L'article 2 de la loi du 11 janvier 1984 portant dispositions statutaires relatives à la fonction publique de l'État [...] dispose ainsi que « le présent titre s'applique aux personnes qui, régies par les dispositions du titre Ier du statut général, ont été nommées dans un emploi permanent (...) et titularisées dans un grade de la hiérarchie des administrations centrales de l'État, des services extérieurs en dépendant ou des établissements publics de l'État ». [...] « Le fonctionnaire est, vis-à-vis de l'administration, dans une situation statutaire et réglementaire » (article 4 de la loi du 13 juillet 1983 portant droits et obligations des fonctionnaires).

Fabrice Melleray, *Droit de la fonction publique*, Éditions Economica, 2010

1. Le travail effectué en tant que fonctionnaire correspond-il à un travail subordonné ou à un travail indépendant ? Justifiez votre réponse.
2. Le fonctionnaire est-il soumis aux mêmes règles que le salarié, c'est-à-dire aux règles du droit du travail ? Pourquoi ?
3. À quels types de règles le fonctionnaire est-il soumis ?

2 L'accès à la fonction publique

DOCUMENT 7

Le principal moyen d'accès à la fonction publique

Concours de commissaire de police session 2010
Liste des candidats déclarés admis (1) - concours externe

(1) Sous réserve de l'agrément définitif de leur candidature. [...]

Liste des candidats déclarés admis (1)

1er M. L. Vincent
2e Mlle E. Aude-Flavie
3e M. M. Tony
4e M. H. Pierre-Étienne
5e Mlle B. Laura
[...]
21e M. T. Hugo

D'après www.interieur.gouv.fr

Préfecture de police de Paris

1. Pour prétendre accéder à la fonction publique, il faut remplir un certain nombre de conditions. Les connaissez-vous ?
2. Quel est le moyen principal d'accès à la fonction publique ? Tony, comme ses colistiers, est devenu fonctionnaire de catégorie A. Qu'est-ce que cela signifie ?
3. Tony appartient désormais à un corps. Lequel ? Quel droit lui est désormais ouvert ? Comment sa rémunération sera-t-elle déterminée ?

III. LE RÉGIME JURIDIQUE DU TRAVAILLEUR INDÉPENDANT

1 La déclaration d'existence

DOCUMENT 8

La notion de travailleur indépendant

Les définitions de ce qu'est un travailleur indépendant (free-lance/solo/professionnel autonome, etc.) sont aussi nombreuses que vagues, tant le monde des free-lances regroupe une noria d'activités aux situations fiscale, sociale et juridique variées.

Selon l'Urssaf, est travailleur indépendant celui qui exerce son activité intellectuelle ou commerciale – même à titre accessoire – dans le cadre d'un contrat d'entreprise et non dans celui d'un contrat de travail (en d'autres termes, le travailleur indépendant a des clients alors que le salarié est lié à un patron). [...]

Un travailleur indépendant (ou free-lance/solo/professionnel autonome...) est donc une personne qui effectue elle-même une prestation pour un client. [...]

Les travailleurs indépendants exercent d'innombrables métiers dans plusieurs domaines d'activités. Le tableau ci-dessous regroupe les principales activités.

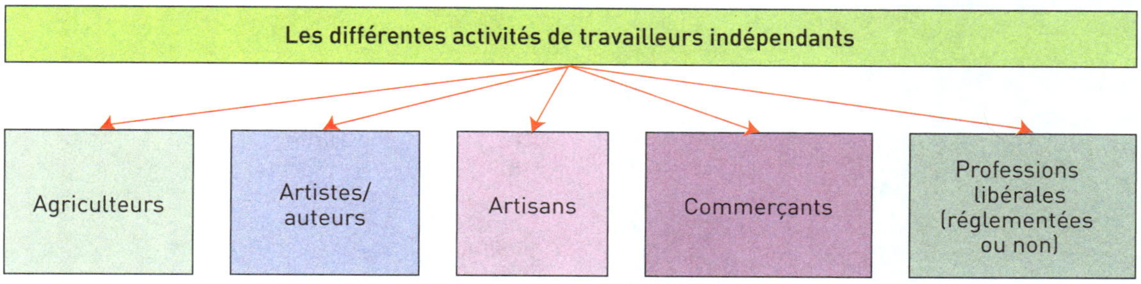

www.motamot.com

DOCUMENT 9

L'immatriculation de l'activité indépendante

Celui ou celle qui souhaite exercer une activité indépendante non salariée est tenu(e) de faire procéder à son immatriculation par l'intermédiaire d'un centre de formalités des entreprises (CFE).

Le décret n° 96-650 du 19 juillet 1996 énumère le CFE compétent en fonction de l'activité exercée.

– Les professions libérales s'inscrivent auprès de l'Urssaf.

– Les commerçants s'inscrivent auprès des chambres de commerce.

– Les artisans s'inscrivent auprès des chambres des métiers.

– Les agents commerciaux s'inscrivent auprès des tribunaux de commerce.

– Les artistes/auteurs ont un statut particulier.

www.motamot.com

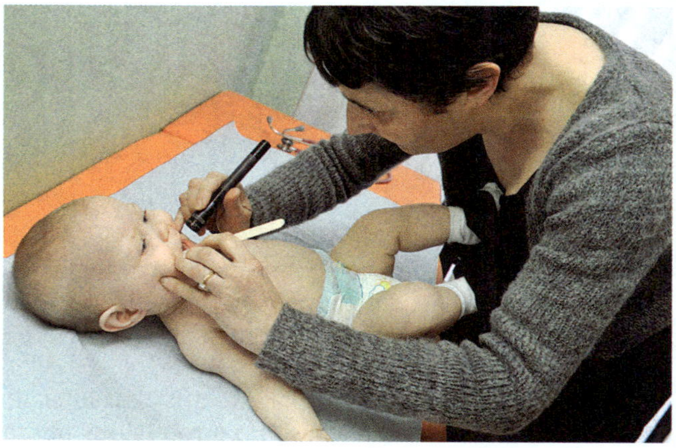

Un pédiatre dans son cabinet

1 En quoi le statut de travailleur indépendant est-il différent de ceux de salarié et de fonctionnaire ?

2 Donnez des exemples de professions libérales, notamment dans les domaines relatifs aux enseignements de la filière économie-gestion.

3 Quelle obligation pèse sur celui qui souhaite exercer une activité indépendante ?

DOCUMENT 10

Les conséquences de la déclaration d'existence

L'ORIFF-PL pourra vous conseiller par téléphone ou sur le site au cours d'entretiens individuels, et vous donnera des renseignements axés sur la création d'entreprise libérale et l'exercice professionnel libéral.

L'objectif est de permettre aux personnes désirant s'installer en exercice professionnel libéral de s'engager en toute connaissance de cause. La plupart des créateurs ont en effet trop souvent une vision très parcellaire des implications de ce statut.

L'ORIFF-PL est là pour expliquer aux porteurs de projets les grandes lignes des obligations sociales, fiscales et comptables, mais aussi la façon d'aborder et de résoudre les problèmes posés par l'exercice professionnel libéral, notamment dans le domaine de la responsabilité civile professionnelle, la prévoyance...

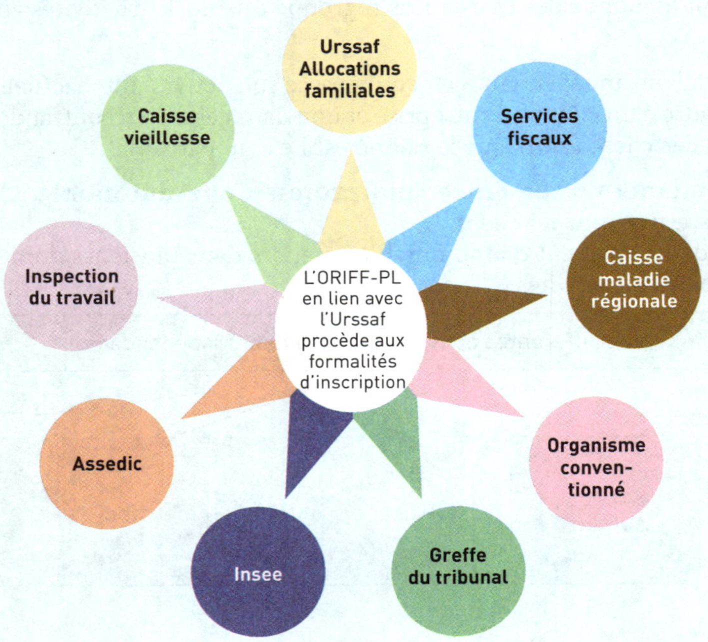

www.oriffpl-bn.fr (office régional d'information, de formation et de formalités pour les professions libérales de Basse-Normandie)

1 Expliquez en quoi consiste le rôle de l'ORIFF-PL de Basse-Normandie.

2 À quoi sert, de manière générale, la déclaration d'existence ? Quelles en sont les conséquences ?

2 Le droit d'accès à la profession

DOCUMENT 11

L'accès à la profession de commerçant

Le décret d'Allarde pose comme principe général la liberté d'entreprendre. N'importe qui peut-il alors exercer n'importe quelle activité ? Non. L'accès à certaines professions est réglementé.

L'activité de commerçant, par exemple, est interdite notamment aux fonctionnaires, aux professions libérales, aux officiers ministériels, aux parlementaires. Les mineurs, même émancipés, ne peuvent être commerçants. Certains commerces comme celui de la drogue, de la prostitution sont interdits. D'autres sont réservés à l'État (ex. : tabacs, timbres poste). D'autres encore nécessitent un diplôme (ex. : opticien, pharmacien) ou une autorisation administrative (ex. : débit de boissons, agence de voyage). L'implantation des magasins de détail et des centres commerciaux est également contrôlée.

Foucher

1 L'accès à la profession de commerçant est encadré par trois types de limites tenant aux personnes, à la nature du commerce et à l'environnement. Retrouvez à quelle catégorie correspondent les exemples cités dans le document 11.

2 Pour quelles raisons l'accès à la profession commerciale est-il limité ?

Analyse d'une situation juridique

COMPÉTENCES ATTENDUES

- Identifier les différents régimes de travail et leurs effets dans une situation donnée.
- Apprécier l'opportunité du choix d'un statut dans une situation donnée.

Le portage salarial

Mise en situation

Votre employeur a entendu parler d'une pratique d'entreprise intitulée le « portage salarial ». Il voudrait en savoir plus sur ce mécanisme : comprendre à quoi il sert, savoir à quel type de statut juridique du travail il correspond. Il vous demande de concevoir une note à cet effet.

TRAVAIL À FAIRE

Après une rapide recherche, vous avez pu rassembler les documents suivants, à partir desquels vous élaborez, à l'attention de votre supérieur hiérarchique (2 pages au maximum) une note relative au portage salarial.
Cette note, structurée, doit permettre à votre employeur de comprendre ce qu'est le portage salarial, sa spécificité en termes de statut juridique du travail, ainsi que son intérêt.

DOCUMENT 12

L'article L. 1251-64 du Code du travail

Le portage salarial est un ensemble de relations contractuelles organisées entre une entreprise de portage, une personne portée et des entreprises clientes, comportant pour la personne portée le régime du salarié et la rémunération de sa prestation chez le client par l'entreprise de portage. Il garantit les droits de la personne portée sur son apport de clientèle.

DOCUMENT 13

Juin 2008-juin 2010 : le portage salarial légalisé

Employant environ 30 000 salariés en France pour un chiffre d'affaires de 210 millions d'euros, le portage salarial ressemble fort au couple à trois du travail temporaire : l'entreprise de portage met à disposition d'une société cliente un salarié dit « porté », et le rémunère elle-même en tant qu'employeur. Mais la réalité est toute différente : c'est au porté de chercher, trouver et gérer ses propres clients, l'entreprise de portage servant essentiellement de service support en dispensant ce salarié très autonome des dissuasives procédures administratives s'il agissait comme travailleur indépendant, tout en lui permettant de s'inscrire à l'Assedic à la fin de sa mission. Ce système où le lien de subordination est pour le moins ténu et qui ressemblait plutôt à un prêt illicite de main-d'œuvre à but lucratif [...] a donc été contesté. Intéressés par cette forme créative de maintien ou de retour sur le marché de l'emploi de nombres de seniors, partenaires sociaux puis législateur ont pris les devants et légalisé le portage avec la loi du 25 juin 2008.

J.-E. Ray, *Droit du travail, droit vivant*, Éditions Liaisons, 2010-2011

DOCUMENT 14

L'article L. 8241-1 du Code du travail

Toute opération à but lucratif ayant pour objet exclusif le prêt de main-d'œuvre est interdite. Toutefois ces dispositions ne s'appliquent pas aux opérations réalisées dans le cadre :

1- Des dispositions du présent Code relatives au travail temporaire, au portage salarial, aux entreprises de travail à temps partagé et à l'exploitation d'une agence de mannequins lorsque celle-ci est exercée par une personne titulaire d'une licence d'agence de mannequin […].

DOCUMENT 15

Le principe du portage salarial

Une relation entre trois partenaires économiques

L'accueil d'un intervenant dans la structure juridique d'une société dite de «portage salarial» s'adresse généralement à des professionnels de haut niveau agissant comme experts, consultants, formateurs ou prestataires de services, entièrement autonomes dans leur prospection commerciale et leurs interventions en entreprises. […] Le consultant peut intervenir dans un mode proche du travailleur indépendant sans avoir à monter sa propre structure juridique. Le portage salarial est aussi avantageusement utilisé pour passer progressivement au statut d'entrepreneur et tester en toute sécurité la viabilité d'un projet de création d'une société de prestations de services.

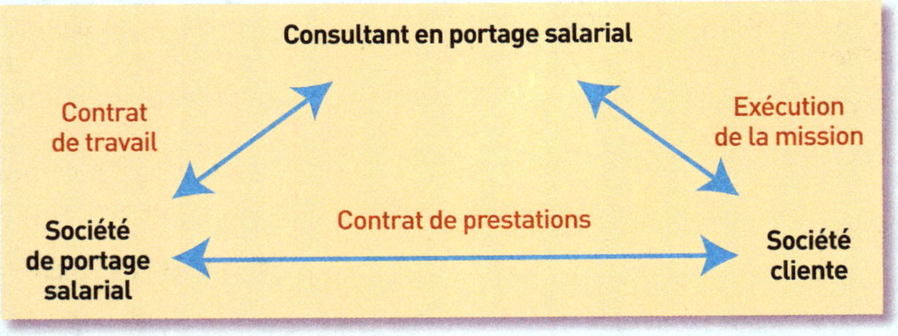

[…] Le portage salarial se démarque très nettement de l'intérim sur deux critères :
– l'action commerciale est faite par l'intervenant et pas par la société de portage ;
– l'intervenant n'a aucun lien de subordination avec l'entreprise cliente […].

Le portage salarial est passé en quelques années d'une situation de niche réservée à des cadres en mal de reconversion ou à des seniors souhaitant continuer une activité, vers un véritable tremplin pour différentes professions, catégories sociales ou catégories d'âges.

[…] Les personnes optant pour le portage salarial sont aussi bien des jeunes diplômés que des personnes partant à la retraites, des artistes du spectacle ou des coiffeuses à domicile ou encore des traducteurs.

L'entreprise elle-même commence à s'intéresser à cette forme de collaboration qui lui permet de mobiliser des experts en s'appuyant sur la force d'une organisation : la société de portage, et obtenir une facturation moins élevée que celle proposée par un cabinet conseil.

[…] Vous souhaitez vous lancer dans la création de votre entreprise ? Cette mutualisation de l'offre, cette possibilité d'être formé, cet échange entre consultants vous intéressera. Vous voulez gérer votre activité professionnelle à votre rythme ? Ne pas avoir à assumer les charges administratives ni les déclarations sociales et fiscales sont autant d'avantages. […]

Un accord majoritaire sur le portage salarial a été signé le 24 juin 2010 entre Le Prisme (organisation patronale de l'intérim) et trois syndicats (CGC, CFDT et CFTC). Il fixe les modalités de la relation triangulaire existant entre la société de portage, un salarié et une entreprise cliente. Ses dispositions ne concernent que les salariés cadres et non les salariés « fonctionnels », c'est-à-dire les personnels permanents des entreprises de portage. Le contrat de portage peut être un CDD classique (18 mois maximum), un CDD à objet défini ou un CDI. Le salarié bénéficie d'une rémunération mensuelle brute minimum de 2 900 €, plus d'une indemnité d'apport d'affaires de 5 %.

L'accord fait du portage salarial une activité exclusive : elle ne peut être exercée que par des entreprises dédiées exclusivement au portage salarial et répertoriées sous le même code NAF créé spécifiquement.

www.guideduportage.com

3

LE CHOIX DU RÉGIME JURIDIQUE DE TRAVAIL

COMPÉTENCES ATTENDUES

- Identifier les différents régimes de travail et leurs effets dans une situation donnée.
- Analyser tout ou partie d'un engagement professionnel et en tirer les conséquences juridiques.
- Apprécier l'opportunité du choix d'un statut dans une situation donnée.

Choisir un régime juridique de travail

- Travail
  - Travail subordonné
    - Employeur public → Régime du fonctionnaire
    - Employeur privé → Régime du salarié
  - Travail indépendant → Régime du travailleur indépendant

1. À partir du document de la page 13, essayez d'évaluer approximativement le nombre de travailleurs en France aujourd'hui et le pourcentage respectif de salariés, de fonctionnaires et de travailleurs indépendants.
2. Au service de quel intérêt un individu travaille-t-il selon le régime de travail choisi ?
3. Pourquoi, selon-vous, le régime du travailleur indépendant est-il le régime le moins choisi ?

Sommaire

I. LE CHOIX DU RÉGIME JURIDIQUE DU SALARIÉ

1 Les droits et les obligations du salarié

DOCUMENT 1

Exemple d'un salarié licencié pour non-respect de ses obligations

Attendu, selon l'arrêt attaqué (Amiens, 10 juin 2008), que M. X... a été licencié le 24 juin 2005 par l'association Hébergement encadré lutte contre la précarité (HELP) anciennement dénommée association Comité d'entraide aux sans-abri d'Abbeville (CASAA) qui l'employait en qualité de médiateur locatif et d'agent comptable ;

Attendu que M. X... fait grief à l'arrêt attaqué d'avoir dit le licenciement fondé sur une faute grave et de l'avoir débouté de ses demandes ; [...]

Mais attendu [...] que la cour d'appel qui a constaté, par motifs propres et expressément adoptés, que le salarié n'avait pas seulement exprimé son inquiétude quant au devenir de l'association, mais avait manifesté son désaccord vis-à-vis de la politique de son employeur et porté de graves accusations contre ce dernier, tant auprès d'organismes publics et d'institutions que par voie de presse, tout en reconnaissant que ses assertions ne reposaient sur aucune preuve, ce dont il s'évinçait que les propos tenus excédaient la limite de la liberté d'expression, a pu décider que ces faits qui participaient d'une grave méconnaissance de l'obligation de loyauté et de confidentialité de l'intéressé constituaient une faute grave ;

D'où il suit [que] le moyen ne peut aboutir [...].

Cour de cassation, chambre sociale, 15 juin 2010

1 Rappelez les principales obligations du salarié et ses principaux droits en contrepartie.

2 Laquelle de ses obligations le salarié n'a-t-il pas respectée dans le cas du document 1 ? Que recouvre cette obligation ?

3 Quel est le fondement des obligations du salarié ? Au service de quel intérêt un individu se met-il lorsqu'il choisit le régime du salariat ?

2 Les clauses particulières du contrat de travail

DOCUMENT 2

Les clauses de mobilité

Clause A

M. ... exercera ses fonctions à ...

Toutefois, pour des raisons touchant à l'organisation et au bon fonctionnement de l'entreprise, la société se réserve la possibilité de le muter dans tout autre établissement de l'entreprise situé en France métropolitaine, compte tenu des fonctions exercées par M. ... et des besoins de l'entreprise...

M. M... disposera d'un délai de ... mois pour rejoindre sa nouvelle affectation.

Le refus de M. ... de rejoindre son nouveau poste s'analyserait en une inexécution de ses obligations contractuelles pouvant légitimer son licenciement pour faute.

Clause B

M. ... exercera ses fonctions à ...

Toutefois, la société se réserve la possibilité de le muter dans tout autre établissement de l'entreprise.

Foucher

Article 1134 du Code civil

« Les conventions légalement formées tiennent lieu de loi à ceux qui les ont faites. »

1 Qu'est-ce qu'une clause de mobilité ? En quoi l'existence d'une telle clause dans le contrat de travail correspond-elle à l'intérêt de l'entreprise ?

2 Une clause de mobilité doit, pour être valable, remplir un certain nombre de conditions. À la lumière des deux clauses présentées dans le document 2, la clause A étant valable, la clause B ne l'étant pas, retrouvez les conditions de validité d'une clause de mobilité.

DOCUMENT 3

Un premier encadrement des clauses de non-concurrence

Attendu cependant qu'ayant pour effet d'apporter une restriction au principe de la liberté du commerce et de l'industrie [...] et à la liberté du travail garantie par la Constitution, la clause de non-concurrence insérée dans un contrat de travail n'est licite que dans la mesure où la restriction de liberté qu'elle entraîne est indispensable à la protection des intérêts légitimes de l'entreprise.

Cour de cassation, chambre sociale, 19 novembre 1996 (extrait)

DOCUMENT 4

Les conditions de validité d'une clause de non-concurrence

Attendu que la société Go sport a embauché Mme X... le 1er juillet 1989 ; que le contrat de travail comportait [...] une clause de non-concurrence lui interdisant « d'entrer au service d'une entreprise ayant pour activité principale ou secondaire la vente au détail de produits identiques à ceux vendus par la société Go sport, c'est-à-dire le vêtement et matériel de sport grand public », et ce en France et pendant une durée maximale d'un an ; [...] que Mme X... [...] a été licenciée, le 9 février 1996 [...] ; qu'elle a saisi la juridiction prud'homale d'une demande tendant, notamment, au paiement d'une indemnité pour licenciement sans cause réelle et sérieuse et à l'annulation de la clause de non-concurrence ; [...]

[...] Attendu qu'une clause de non-concurrence n'est licite que si elle est indispensable à la protection des intérêts légitimes de l'entreprise, limitée dans le temps et dans l'espace, tient compte des spécificités de l'emploi du salarié et comporte l'obligation pour l'employeur de verser au salarié une contrepartie financière, ces conditions étant cumulatives ;

Et attendu que la cour d'appel, qui a relevé que la clause de non-concurrence interdisait à la salariée d'entrer au service, en France et pendant un an, d'une entreprise ayant pour activité principale ou secondaire la vente au détail de vêtements et matériel de sport grand public, a exactement décidé que cette clause, qui ne permettait pas à la salariée de retrouver un emploi conforme à son expérience professionnelle, était illicite et devait être annulée ; que le moyen n'est pas fondé ;

Par ces motifs ;

Rejette le pourvoi [...]

Cour de cassation, chambre sociale, 18 septembre 2002 (extraits)

1. Qu'est-ce qu'une clause de non-concurrence ?
2. Quelles sont les conditions de validité d'une clause de non-concurrence ? Qu'apporte, à travers les extraits présentés dans le document 4, l'arrêt du 18 septembre 2002 par rapport à celui du 19 novembre 1996 ?
3. En vertu de quel principe constitutionnel la validité des clauses de non-concurrence est-elle encadrée ?
4. Pourquoi la conclusion d'une clause de non-concurrence est-elle néanmoins possible ?

II. LE CHOIX DU RÉGIME JURIDIQUE DU FONCTIONNAIRE

1 Les obligations du fonctionnaire

DOCUMENT 5

Les obligations des fonctionnaires

[…] Les obligations professionnelles des fonctionnaires

L'obligation de service […]. Le fonctionnaire consacre l'intégralité de son activité professionnelle aux tâches qui lui sont confiées. […]

L'obligation d'obéissance hiérarchique […]. Tout fonctionnaire […] doit se conformer aux instructions de son supérieur hiérarchique, excepté si l'instruction est manifestement illégale et de nature à troubler gravement un intérêt public. […]

L'obligation de formation. Le fonctionnaire a le devoir de s'adapter au service public et de mettre ses connaissances à jour régulièrement. […]

Les obligations morales des fonctionnaires

L'obligation de secret professionnel […] [et] ***l'obligation de discrétion professionnelle*** […]. Contrairement à l'obligation de secret, tout manquement à l'obligation de discrétion n'est pas pénalement sanctionné. Cependant, en cas de non-respect de cette obligation, l'agent est passible de sanctions disciplinaires.

L'obligation de réserve […]. Il est interdit au fonctionnaire d'exprimer ses opinions personnelles à l'intérieur ou à l'extérieur du service, dès lors que ses propos entravent le fonctionnement du service ou jettent le discrédit sur l'administration. […]

www.emploipublic.fr

DOCUMENT 6

Administration et intérêt public

L'administration désigne les divers services ou organes qui ont pour mission de satisfaire les besoins publics dont ils ont la charge dans le respect de l'intérêt public.

L'intérêt public est constitué de l'intérêt de la majorité des citoyens même si, parfois, il ne semble profiter qu'à une minorité d'entre eux. Il est défini par le législateur de sa propre initiative ou sur proposition, parfois insistante, de l'exécutif.

Forte de cette légitimité, l'administration est en mesure d'imposer, aux particuliers et aux fonctionnaires, les décisions qu'elle prend, au besoin en les imposant par la voie de la puissance publique, que l'on peut définir comme l'ensemble des moyens de droit dont l'administration dispose.

Le Ministre, investi du pouvoir de décision et aidé dans sa tâche par une administration centrale, représente l'État dans toutes les matières qui incombent à son domaine de compétence et prend les décisions pour faire fonctionner son administration. En tant que chef de service, il exerce un pouvoir hiérarchique sur tous les agents titulaires et non titulaires de son ministère qu'il nomme par délégation du président de la République ou du Premier ministre, et qu'il mute, sanctionne et dirige par des instructions de service. […] Les notes de services, les circulaires, et évolution récente, les directives, sorte de consignes ministérielles à mi-chemin entre le vœu et l'ordre, ne peuvent changer la loi ni le règlement mais s'imposent aux fonctionnaires dans le cadre de l'obéissance hiérarchique. […]

www.cafepedagogique.net, 15 janvier 2009

1 Quelles sont les principales obligations du fonctionnaire ?
Expliquez en quoi elles consistent.

2 En quoi les obligations du fonctionnaire sont-elles spécifiques par rapport à celles du salarié ?
Qu'est-ce qui justifie de telles obligations ?

2 Les droits du fonctionnaire

DOCUMENT 7

Les droits des fonctionnaires

[...] Les droits des fonctionnaires reconnus dans l'exercice des fonctions

[...] ***Droit à la rémunération*** [...]. Les fonctionnaires ont droit, après service fait, à une rémunération comprenant le traitement, l'indemnité de résidence, le supplément familial de traitement ainsi que diverses primes et indemnités. Ce droit constitue une garantie fondamentale du fonctionnaire.

[...] **Droit à la protection juridique** [...]. Les fonctionnaires disposent des droits à la protection contre les tiers et l'arbitraire de l'administration. La collectivité publique est tenue de protéger le fonctionnaire contre les menaces, violences, voies de fait, injures, diffamations ou outrages dont il pourrait être victime à l'occasion de ses fonctions et de réparer le préjudice qui en résulte. [...]

Droit à la formation [...]. Tout agent de la fonction publique occupant un emploi permanent bénéficie d'un droit individuel à la formation professionnelle d'une durée de vingt heures par an [...].

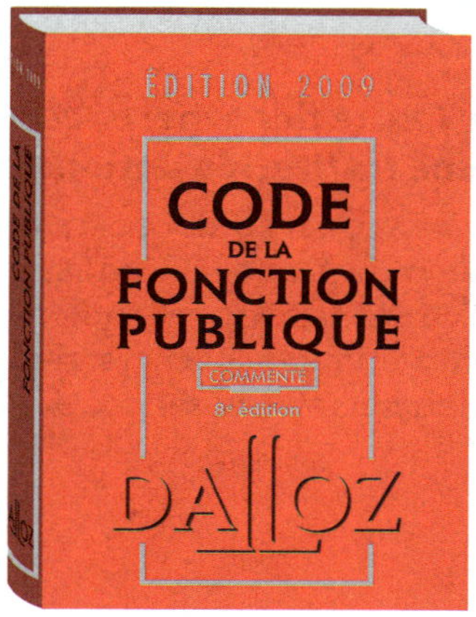

Les droits des fonctionnaires en tant que citoyens

[Liberté d'opinion et] [...] ***non-discrimination*** [...].

Droit syndical [...]. Les fonctionnaires peuvent créer des syndicats et y adhérer [...].

Droit de grève [...]. Ce droit doit cependant s'exercer dans les limites légales. L'exercice de ce droit connaît des restrictions. En effet, l'administration peut imposer le maintien d'un service minimum en empêchant certains agents de faire grève par la voie de la réquisition ou de la désignation. D'autres fonctionnaires sont totalement privés du droit de grève : militaires, magistrats judiciaires, CRS. [...]

Droits sociaux [...].

www.emploipublic.fr

DOCUMENT 8

Quelle étendue pour le droit à la protection des fonctionnaires ?

LE CONSEIL D'ÉTAT,

[...] Considérant [...] que Mme A, rédactrice territoriale au sein de la COMMUNE DE HOENHEIM, a sollicité du maire de cette commune [...] le bénéfice de la protection fonctionnelle prévue par l'article 11 de la loi du 13 juillet 1983 portant droits et obligations des fonctionnaires contre les agissements de harcèlement moral dont elle affirmait être la victime ; que cette protection lui a été refusée par décision du maire du 16 février 2004 ; que la COMMUNE DE HOENHEIM se pourvoit en cassation contre l'arrêt du 2 août 2007 de la cour administrative d'appel de Nancy en tant qu'il annule le jugement du 27 juillet 2006 du tribunal administratif de Strasbourg [...] et lui enjoint de mettre en œuvre la protection fonctionnelle demandée ; [...]

Considérant [...] qu'en jugeant que des agissements répétés de harcèlement moral étaient de ceux qui pouvaient permettre, à l'agent public qui en est l'objet, d'obtenir la protection fonctionnelle prévue par les dispositions de l'article 11 de la loi du 13 juillet 1983 contre les menaces, violences, voies de fait, injures, diffamations ou outrages dont les fonctionnaires et les agents publics non titulaires pourraient être victimes à l'occasion de leurs fonctions, la cour n'a pas commis d'erreur de droit ; [...]

DÉCIDE : [...] Le pourvoi de la COMMUNE DE HOENHEIM est rejeté. [...]

Conseil d'État, 12 mars 2010

1. Quels droits, parmi l'ensemble de ceux du fonctionnaire, sont spécifiques à ce dernier ? Expliquez en quoi chacun d'eux consiste.
2. Présentez les faits et la procédure de l'affaire exposée ci-dessus. Quelle précision cette affaire apporte-t-elle eu égard aux droits du fonctionnaire ?

III. LE CHOIX DU RÉGIME JURIDIQUE DU TRAVAILLEUR INDÉPENDANT

DOCUMENT 9

L'existence d'instances professionnelles

L'Ordre des experts-comptables : une institution nationale

Créé par l'ordonnance de 1945 et placé sous la tutelle du ministère de l'Économie, des Finances et du Budget, l'Ordre des experts-comptables a pour vocation de gérer et d'animer le plus grand réseau français de professionnels libéraux au service de l'entreprise.

Représenter, défendre, valoriser les professionnels et les accompagner dans leur développement, telles sont les missions que l'Ordre des experts-comptables assume quotidiennement tout en demeurant le garant de l'éthique de la profession, aussi bien vis-à-vis des pouvoirs publics que du monde économique. […]

www.experts-comptables.fr (site du conseil supérieur de l'Ordre des experts-comptables)

DOCUMENT 10

Les travailleurs indépendants sont eux aussi soumis à des droits et obligations

Chapitre 1er : devoirs généraux

Article 2

Les personnes mentionnées à l'article 1er se consacrent à la science et à la technique comptables dans le respect des dispositions législatives et réglementaires applicables à l'exercice de leur profession, notamment celles du présent Code, ainsi que des règles professionnelles définies par le conseil supérieur de l'Ordre des experts-comptables […].

Article 4

Les personnes mentionnées à l'article 1er s'abstiennent, même en dehors de l'exercice de leur profession, de tout acte ou manœuvre de nature à déconsidérer celle-ci.

Article 5

Les personnes mentionnées à l'article 1er exercent leur activité avec compétence, conscience professionnelle et indépendance d'esprit. Elles s'abstiennent, en toutes circonstances, d'agissements contraires à la probité, à l'honneur et à la dignité. […]

Article 6

Les personnes mentionnées à l'article 1er évitent toute situation qui pourrait faire présumer d'un manque d'indépendance. Elles doivent être libres de tout lien extérieur d'ordre personnel, professionnel ou financier, qui pourrait être interprété comme constituant une entrave à leur intégrité ou à leur objectivité.

Article 7

Sans préjudice de l'obligation au secret professionnel, les personnes mentionnées à l'article 1er sont soumises à un devoir de discrétion dans l'utilisation de toutes les informations dont elles ont connaissance dans le cadre de leur activité. […]

Extraits du *Code de déontologie des professionnels de l'expertise comptable*, www.legifrance.fr

1. Qu'est ce que l'Ordre des experts-comptables ? Quelle est sa mission ?
2. Un expert-comptable est un travailleur indépendant. Est-il cependant soumis dans son travail à des droits et à des obligations ? Justifiez votre réponse.
3. Donnez une définition de la déontologie. Cette notion peut-elle également s'appliquer aux salariés et aux fonctionnaires ? Expliquez.

Analyse d'une situation juridique

COMPÉTENCES ATTENDUES
- Identifier les différents régimes de travail et leurs effets dans une situation donnée.
- Analyser tout ou partie d'un engagement professionnel et en tirer les conséquences juridiques.
- Apprécier l'opportunité du choix d'un statut dans une situation donnée.

Le choix d'un régime de travail en toute connaissance de cause

Mise en situation

Vous assistez M. Blain au sein de la société Bricobat, spécialisée dans le bâtiment. Ce dernier hésite, pour réaliser certains travaux sur un chantier, entre recourir à des employés ou faire appel à des artisans. Il se tourne vers vous pour un premier avis juridique.

TRAVAIL À FAIRE

À la lumière des documents que vous avez collectés et de vos connaissances, vous élaborez une note qui permettra à M. Blain de choisir le régime juridique le plus approprié.

1 Vous présenterez les avantages et les inconvénients de chacune des deux options.

2 Vous indiquerez les précautions que M. Blain doit prendre s'il choisit de recourir à des artisans.

DOCUMENT 11

Arrêt de la chambre criminelle de la Cour de cassation du 14 février 2006 (extraits)

Attendu qu'il ressort de l'arrêt attaqué et des pièces de procédure qu'à la suite de contrôles effectués par l'inspection du travail sur trois chantiers de bâtiment confiés à la société Duret, Tanguy de X…, son président, a été poursuivi devant le tribunal correctionnel sur le fondement des articles L.125-1 et L. 324-9 du Code du travail, pour avoir participé à une opération de prêt lucratif de main-d'œuvre ayant pour effet de causer préjudice à quatre salariés employés sous le couvert de fausse sous-traitance […] ;

Attendu que, statuant sur l'appel du ministère public, les juges du second degré, pour confirmer le jugement entrepris, retiennent que les sous-traitants étaient des artisans inscrits au répertoire des métiers, et que, percevant des rémunérations supérieures à celles des salariés de la société Duret, ils ne se trouvaient pas en état de subordination juridique permanente à l'égard de la société, même s'ils utilisaient par commodité ses matériaux et véhicules de livraison, dès lors que s'étant librement engagés, ils avaient conservé toute latitude pour organiser leur temps de travail et œuvrer pour d'autres « employeurs » ;

Mais attendu qu'en prononçant ainsi, sans répondre aux réquisitions du ministère public faisant valoir que, d'une part, les prétendus sous-traitants avaient en fait le statut de salariés, en raison des conditions, pratiquement identiques pour chacun d'eux, de leur rémunération qui était subordonnée, non à l'exécution d'une tâche déterminée à l'avance, mais à un contrôle de la quantité de travail effectué, et que, d'autre part, l'existence d'un contrat de travail était établie dès lors que les artisans concernés, fussent-ils immatriculés au répertoire des métiers, fournissaient des prestations les mettant en état de subordination juridique par rapport au maître de l'ouvrage durant tout le temps d'exécution de leur tâche, même en l'absence d'un lien contractuel permanent, la cour d'appel n'a pas donné de base légale à sa décision ;

[…] Par ces motifs, casse et annule […]

DOCUMENT 12

Définition du contrat de sous-traitance

Le contrat d'entreprise, dit aussi de sous-traitance, est une convention par laquelle un employeur offre à son cocontractant un travail ou un service réalisé par son propre personnel qui reste placé sous sa direction et sa responsabilité. Il a pour objet l'exécution d'une tâche objective, définie avec précision, habituellement rémunérée de façon forfaitaire.

DOCUMENT 13

Arrêt de la chambre criminelle de la Cour de cassation du 29 octobre 1985 (extraits)

[…] Attendu qu'il résulte des énonciations de l'arrêt attaqué […] que, le 15 janvier 1982, un inspecteur du travail, visitant un chantier de l'entreprise dirigée par X…, a constaté que quatre ouvriers procédaient au montage d'un hangar métallique et travaillaient à 7 mètres de hauteur sans être protégés par aucun dispositif de sécurité, individuel ou collectif, contre le risque de chute dans le vide ou à travers des plaques de fibro-ciment constituant la toiture, matériau d'une résistance insuffisante pour supporter leur poids ;

Attendu que, cité devant la juridiction répressive pour infraction aux règles relatives à la sécurité des travailleurs, X… a soutenu que les ouvriers concernés n'étaient pas ses salariés ;

Qu'ils étaient artisans-monteurs, œuvrant pour leur propre compte et inscrits au registre des métiers, avec lesquels il avait passé des contrats de sous-traitance pour le montage des hangars qu'il fabriquait ;

Qu'il ne possédait aucune autorité sur eux et qu'il leur appartenait d'assurer eux-mêmes leur propre sécurité ;

Attendu que, pour déclarer néanmoins la prévention établie, les juges du fond relèvent que […] les matériaux le gros outillage, le matériel de sécurité et les véhicules nécessaires leur étaient fournis par X… ;

Que l'aîné des frères Y…, qui faisait office de chef de chantier, étant devenu propriétaire d'un véhicule servant à son travail, avait dû accepter, par contrat, de le garder aux couleurs de l'entreprise et d'y maintenir ses panneaux publicitaires ;

Que régulièrement, un responsable de la société contrôlait la bonne exécution des travaux ;

Que les quatre hommes étaient payés mensuellement, au moyen de chèques signés par X…, et non pas en fin de chantier, selon le prix forfaitaire fixe par chaque contrat ;

Attendu que les juges en déduisent que les prétendus « artisans » se trouvaient, en réalité, intégrés dans un ensemble les plaçant en état de dépendance économique et de subordination juridique caractérisant l'existence de contrats de travail, et que leurs rapports avec X… étaient, en dépit des apparences, ceux de salariés à employeur ;

Attendu qu'en l'état de ces motifs, la cour d'appel a justifié sa décision sans encourir les griefs énoncés au moyen ; […]

Qu'en l'espèce, il résulte de l'analyse pertinente de l'ensemble des éléments de la cause, effectuée par les juges du fond, que les quatre ouvriers ne jouissaient pas d'une véritable indépendance pour l'exécution de leur travail, qu'ils l'effectuaient sous le contrôle de l'entreprise qui les rémunérait mensuellement par le versement d'un salaire fixe ;

Qu'il a ainsi été répondu sans insuffisance aux conclusions du prévenu, fondées sur les apparences créées par la succession de contrats de sous-traitance dont le caractère fictif a été démontré ;

D'où il suit que le moyen ne saurait être accueilli ; […]

Rejette le pourvoi […]

4

LA FORMATION PROFESSIONNELLE

COMPÉTENCE ATTENDUE
- Analyser des dispositifs de formation professionnelle.

Employeurs, salariés, des objectifs de formation différents ?

Salariés, parmi ces différentes raisons d'entreprendre une formation, quelles sont celles qui vous concernent le plus ?

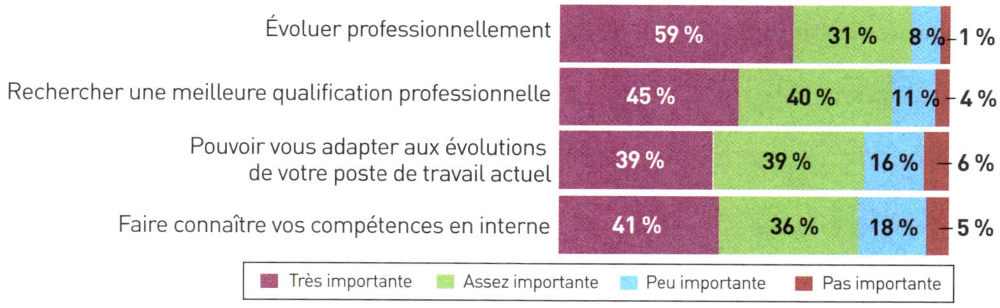

L'évolution de la formation professionnelle, enquête CEGOS, 4 décembre 2008

Pour les employeurs et leur DRH, les dispositifs d'accès à la formation (plan, DIF, professionnalisation) sont un moyen pour :

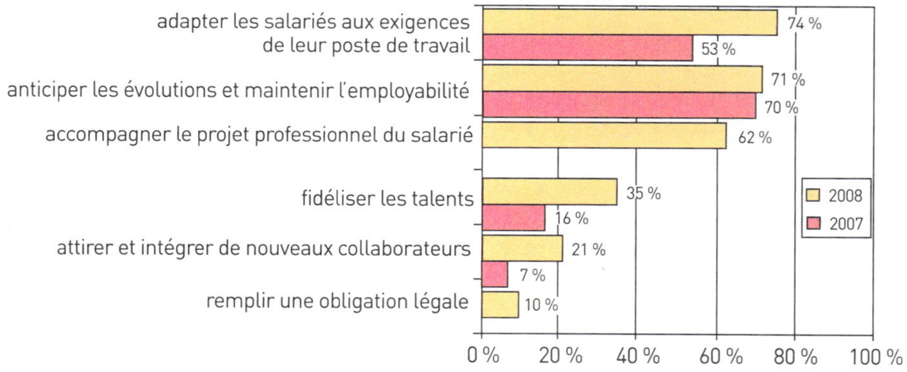

L'Évolution de la formation professionnelle, enquête CEGOS, 4 décembre 2008

1. Quels sont les objectifs de formation des salariés ?
2. Quels sont ceux des employeurs ?
3. Pourquoi sont-ils différents ?

Sommaire

I. LES FORMATIONS À L'INITIATIVE DE L'EMPLOYEUR

DOCUMENT 1

Le plan de formation

Qu'est-ce que le plan de formation ?

L'employeur a l'obligation d'assurer l'adaptation de ses salariés à leur poste de travail. Il veille au maintien de leur capacité à occuper un emploi, au regard notamment de l'évolution des emplois, des technologies et des organisations. Il peut proposer des formations qui participent au développement des compétences.

Le plan de formation doit lui permettre de remplir cette obligation car il représente l'ensemble des actions de formation, de bilan de compétences et de validation des acquis de l'expérience que l'employeur décide de faire suivre à ses salariés, à son initiative ou sur proposition des représentants du personnel. Il peut également intégrer les demandes individuelles. Il s'agit, en principe, d'actions retenues en fonction des objectifs de développement de l'entreprise, de ses évolutions techniques ou des priorités définies par la branche professionnelle à laquelle appartient l'entreprise.

Il est annuel, mais l'employeur a également la possibilité de prévoir un programme pluriannuel de formation. […]

Le plan de formation est-il obligatoire ?

Toute entreprise doit pouvoir justifier de l'exécution de son obligation de financement de la formation professionnelle continue et de son obligation d'adaptation des salariés.

Bien que la loi n'oblige pas l'employeur à mettre en place, formellement, un plan de formation, ces obligations l'y incitent fortement.

De plus, dans les entreprises d'au moins dix salariés les dépenses de formation, pour être imputables sur l'obligation de financement, doivent avoir été prévues au plan de formation. […]

Qui établit le plan de formation ?

Le plan de formation n'est pas un document négocié, il relève de la seule responsabilité de l'employeur. À lui de choisir les actions de formation et les salariés qui en bénéficieront ; il peut également fixer des actions prioritaires dans le cadre du droit individuel à la formation.

Mais avant même de définir le contenu du plan de formation, l'employeur devra définir les orientations de sa politique de formation. Il s'agit pour lui d'examiner, selon les projets de développement de son entreprise (développement de nouveaux produits, renforcement de l'équipe commerciale, introduction de nouvelles techniques, départs et recrutements à venir, etc.), quels types de formation il souhaitera conduire.

Il faut savoir que, même si ces orientations restent spécifiques à son entreprise, l'employeur peut s'inspirer de ce qui a été négocié au niveau de la branche professionnelle à laquelle il appartient.

Attention !

Le comité d'entreprise (ou, à défaut, les délégués du personnel) doit obligatoirement être consulté sur les orientations de la formation professionnelle dans l'entreprise.

S'il doit être soumis à la consultation du comité d'entreprise, le plan de formation n'en reste pas moins un acte unilatéral dont la responsabilité incombe à l'employeur. Cependant, il est également possible de négocier un accord d'entreprise avec les organisations syndicales pour aménager ou améliorer certains dispositifs de formation.

Adultes en formation

Social pratique, n° 483, 10 septembre 2007

1. Quelles sont les obligations de l'employeur en matière de formation ?
2. À quoi le plan de formation sert-il ? Dans quel cas est-il obligatoire ?
3. Quel est le rôle des représentants du personnel ?

II. LES FORMATIONS À L'INITIATIVE DU SALARIÉ

DOCUMENT 2

DIF ou CIF ?

Qu'est-ce que le droit individuel à la formation ?

Ce droit garantit à tout salarié sous CDI ayant une ancienneté d'un an 20 heures annuelles de formation [C. trav., art. L. 6323-1 et suiv.]. Les droits sont capitalisables pendant 6 ans, avec un plafond de 120 heures.

Ces heures peuvent être utilisées par le salarié pour améliorer sa qualification, acquérir, entretenir ou perfectionner ses connaissances, obtenir une certification. La mise en oeuvre du DIF relève de l'initiative du salarié, mais elle doit faire l'objet d'un accord entre le salarié et l'employeur.

Lorsque le salarié exprime le souhait de suivre une action de formation déterminée, l'employeur dispose d'un délai d'un mois pour notifier sa réponse, l'absence de réponse valant acceptation. En cas de refus, le salarié peut renouveler sa demande.

Si le désaccord persiste pendant deux exercices civils consécutifs, l'Opacif dont relève l'entreprise assure par priorité la prise en charge financière de l'action dans le cadre d'un CIF. Dans ce cas, l'employeur verse à l'organisme collecteur le montant de l'allocation de formation correspondant aux droits acquis par l'intéressé au titre du DIF et les frais de formation.

Les actions suivies dans le cadre du DIF se déroulent, en principe, en dehors du temps de travail. L'entreprise verse alors au salarié une allocation de formation correspondant à 50 % du salaire horaire net de référence. Un accord collectif (de branche ou d'entreprise) peut cependant prévoir que les actions ont lieu en partie pendant le temps de travail. La rémunération doit alors être intégralement maintenue.

L'allocation et les frais de formation sont à la charge de l'entreprise et imputables sur sa participation au titre de la formation professionnelle. […]

Qu'est-ce que le congé individuel de formation ?

Le congé individuel de formation (CIF) a pour objet de permettre à tout salarié, au cours de sa vie professionnelle, de suivre, à son initiative et à titre individuel, des actions de formation, indépendamment de sa participation aux actions de formation incluses dans le plan de formation de l'entreprise. Ces actions peuvent lui permettre :

– d'accéder à un niveau supérieur de qualification ;
– de changer d'activité ou de profession ;
– de s'ouvrir plus largement à la culture, à la vie sociale et à l'exercice des responsabilités associatives bénévoles.

Le CIF peut également être utilisé par le salarié pour préparer et passer un examen.

Sauf dispositions conventionnelles plus favorables, la durée du CIF correspond à celle du stage, sans pouvoir excéder : un an pour un stage continu à temps plein ; 1 200 heures pour un cycle pédagogique comportant des enseignements discontinus ou à temps partiel.

Les actions de formation du CIF s'accomplissent en tout ou partie pendant le temps de travail. La durée du congé ne peut être imputée sur la durée du congé payé annuel.

Le congé individuel de formation peut être pris en charge par un organisme paritaire agréé compétent au titre du CIF (Opacif), la demande de prise en charge incombant au salarié. Mais la prise en charge n'est pas une condition du droit à congé.

Condition d'ancienneté

Pour bénéficier d'un CIF, le salarié doit justifier d'une ancienneté minimale de 24 mois, consécutifs ou non (quelle qu'ait été la nature des contrats de travail successifs), dont 12 mois dans l'entreprise [C. trav., art. R. 6322-1]. La condition d'ancienneté est de 36 mois (dont 12 dans l'entreprise) pour les entreprises artisanales de moins de 10 salariés. Aucune condition d'ancienneté n'est exigée du salarié qui a changé d'emploi à la suite d'un licenciement pour motif économique et qui n'a pas suivi un stage de formation entre le moment de son licenciement et celui de son réemploi.

Social pratique, n° 507, 10 septembre 2008

Connaissez-vous ou avez-vous entendu parler de...

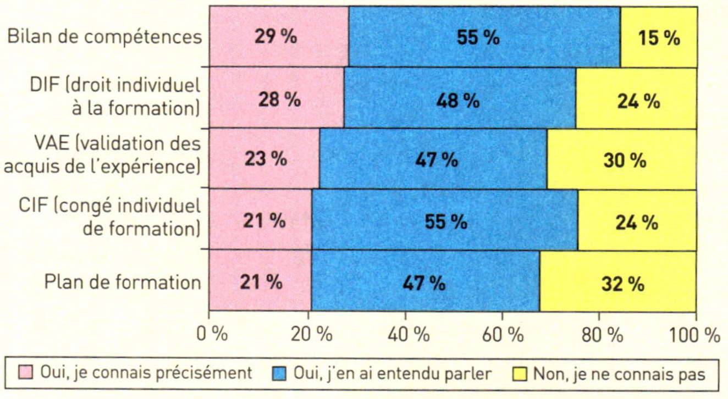

Enquête CEGOS, 4 décembre 2008

1 Comparez les deux dispositifs à l'initiative du salarié.

2 Répondent-ils aux mêmes besoins ?

3 Sont-ils des dispositifs connus des salariés ?

III. LES DISPOSITIFS COMPLÉMENTAIRES

DOCUMENT 3

Le bilan de compétences

Un bilan de compétences permet à un travailleur d'analyser ses compétences professionnelles et personnelles ainsi que ses aptitudes et ses motivations afin de définir un projet professionnel et, le cas échéant, un projet de formation. Il peut être décidé à l'initiative de l'employeur ou du salarié.

Lorsque c'est le salarié qui prend l'initiative de se soumettre à un bilan de compétences, il a droit à un congé spécial pour le réaliser [C. trav., art. L. 6322-42 et suiv.]. Le droit au congé est accordé à partir de 5 ans d'ancienneté en qualité de salarié (consécutifs ou non, et quelle qu'ait été la nature des contrats de travail successifs), dont 12 mois dans l'entreprise. Un nouveau congé peut ensuite être demandé tous les 5 ans.

La durée maximale du congé est de 24 heures, consécutives ou non, par bilan, étant entendu qu'il s'agit de 24 heures de temps de travail.

D'après *Social pratique*, n° 507, 10 septembre 2008

1 À quoi le bilan de compétences sert-il ?

2 À quelles conditions un salarié peut-il l'obtenir ?

DOCUMENT 4

La validation des acquis de l'expérience (VAE)

Reconnue par le Code du travail, la validation des acquis de l'expérience (VAE) permet de faire reconnaître son expérience, notamment professionnelle ou liée à l'exercice de responsabilités syndicales, afin d'obtenir un diplôme, un titre ou un certificat de qualification professionnelle. Diplômes, titres et certificats sont ainsi accessibles grâce à l'expérience (et non uniquement par le biais de la formation initiale ou continue), selon d'autres modalités que l'examen. […]

La VAE : à quelles conditions ?

La validation des acquis de l'expérience est un droit ouvert à tous : salariés (en contrat à durée indéterminée ou déterminée, intérimaires…), non-salariés, demandeurs d'emploi, bénévoles, agents publics, personnes ayant exercé des responsabilités syndicales (par exemple, les délégués syndicaux). Et ce, quel(s) que soi(en)t le(s) diplôme(s) précédemment obtenu(s) ou le niveau de qualification. Une seule condition : justifier d'une expérience professionnelle (salariée ou non, bénévole…) de 3 ans en continu ou en discontinu, en rapport avec le contenu de la certification (diplôme, titre…) envisagée. […]

www.travail-solidarite.gouv.fr

1 Quel est l'objectif de la VAE ?

2 À qui s'adresse-t-elle ?

DOCUMENT 5

Mise en place d'un parcours de formation concerté

La loi du 19 novembre 2009 prévoit des dispositifs permettant un parcours de formation concerté entre salarié et employeur.

Quel est l'objet de l'entretien professionnel ?

Cet entretien permet au salarié d'élaborer un projet professionnel en fonction de ses souhaits d'évolution dans l'entreprise, de ses aptitudes, tout en tenant compte des besoins de celle-ci. Il doit avoir lieu **tous les deux ans**, à l'initiative de l'employeur ou du salarié lorsque ce dernier a atteint une ancienneté de deux ans, et ce conformément aux dispositions d'un accord de branche ou d'entreprise conclu en la matière ou, à défaut, dans les conditions définies par l'employeur [ANI 5 oct. 2009, art. 1].

À quoi sert le bilan d'étape professionnel ?

Chaque collaborateur doit être informé, lors de son embauche, de la possibilité de bénéficier, à sa demande, d'un bilan d'étape professionnel dès lors qu'il a atteint une ancienneté minimale de deux ans. Le bilan peut être renouvelé **tous les cinq ans**, toujours à la demande du salarié.

À partir d'un diagnostic réalisé en commun par le salarié et son employeur, il doit permettre au salarié d'évaluer ses capacités professionnelles et ses compétences, et à son employeur de déterminer ses objectifs de formation. Les conditions d'application du bilan restent à préciser par un accord national interprofessionnel [C. trav., art. L. 6315-1].

Comment utiliser l'entretien de milieu de carrière ?

Dans les entreprises ou groupes d'entreprises d'au moins 50 salariés, un entretien de milieu de carrière doit être organisé par l'employeur pour chaque salarié, au cours de l'année qui suit son 45e anniversaire. Il doit être l'occasion d'informer le salarié sur ses droits en matière d'accès à un bilan d'étape professionnel, à un bilan de compétences ou à une action de professionnalisation [C. trav., art. L. 6321-1].

D'après *Social pratique*, n° 554, 10 octobre 2010

Quels sont les objectifs des nouveaux dispositifs prévus par la loi du 19 novembre 2009 ?

Analyse d'une situation juridique

COMPÉTENCE ATTENDUE
- Analyser des dispositifs de formation professionnelle.

Obtenir un congé individuel de formation

Mise en situation

Monsieur Durand, gérant d'une PME de 11 salariés, spécialisée dans l'exploitation forestière et la vente de bois, emploie depuis quatre ans une salariée, Mlle Caton, comme assistante administrative. Celle-ci souhaite prendre un congé individuel de formation afin de passer le diplôme de BTS assistant de gestion PME-PMI et améliorer sa formation en anglais. Elle a fait des démarches auprès d'un organisme de formation pour une formation débutant dans 6 mois, et dépose un dossier de financement auprès de l'Opacif dont relève l'entreprise. En effet, la formation prévue durera environ 9 à 10 mois de septembre à mai/juin. Mlle Caton souhaite donc obtenir un congé individuel de formation pour cette durée. Actuellement, elle est en CDI à temps plein et touche un salaire brut mensuel de 1 500 € bruts.

TRAVAIL À FAIRE

1 Mlle Caton a-t-elle le droit de demander un congé individuel de formation ? Pourquoi ?

2 M. Durand peut-il refuser le CIF ?

3 Si le CIF est accepté par l'Opacif, quelles sont les conséquences pour l'entreprise et pour la salariée ?

4 Après le CIF, quelles sont les obligations de M. Durand ? Devra-t-il augmenter le salaire de son employée et tenir compte de sa nouvelle formation ?

DOCUMENT 6

Les conditions d'accès au CIF

Qui ?

Tout salarié ayant 24 mois d'activité salariée.

Tout salarié, quel que soit son statut, peut demander à son employeur de bénéficier d'un CIF. Simplement, les pré requis varient selon son contrat de travail. En CDI, il doit justifier de 24 mois d'activité salariée (qu'elle qu'ait été la nature de son contrat de travail), dont 12 mois dans l'entreprise. En CDD, il doit avoir travaillé 24 mois (consécutifs ou non), au cours des cinq dernières années, dont au moins quatre mois au cours des 12 derniers mois. […]

Quelle durée ?

1 200 heures maximum.

La loi ne précise pas de durée minimale pour le CIF : il peut s'agir d'un stage de quelques semaines. Au maximum, le salarié peut s'absenter pendant un an à temps plein ou 1 200 heures à temps partiel, si la formation est discontinue.

À noter : la formation se déroule généralement pendant le temps de travail. Mais il est possible d'en négocier une partie hors temps de travail avec le salarié.

Quel type de formation ?

Tout projet permettant au salarié de changer d'activité ou d'acquérir une qualification supérieure, sans lien direct avec les besoins de votre entreprise.

Le salarié peut solliciter toute formation correspondant à son projet d'évolution personnelle, sans lien direct avec les possibilités de mobilité interne de l'entreprise : il peut s'agir de décrocher un diplôme ou une qualification plus élevée, d'acquérir de nouvelles connaissances pour changer de métier. […]

www.laformationpro.com

DOCUMENT 7

Mise en œuvre d'un CIF

Quelles formalités le salarié doit-il accomplir pour obtenir un CIF ?

Pour bénéficier d'un congé individuel de formation, il faut :

– demander une autorisation d'absence à son employeur ;

– s'adresser à l'organisme paritaire compétent (Opacif) dont dépend l'entreprise pour obtenir la prise en charge totale ou partielle du salaire et des frais de formation. (...)

Quand et comment formuler la demande de CIF auprès de l'employeur ?

Tout salarié qui désire partir en formation dans le cadre du CIF doit demander, par écrit, une autorisation d'absence à son employeur [C. trav., art. R. 6322-3] :

– 120 jours avant le début du stage si celui-ci dure au moins 6 mois à temps plein ;

– 60 jours avant le début du stage dans les autres cas (absence de moins de 6 mois, stage ou enseignement à temps partiel ou en sessions non continues, passage ou préparation d'un examen). (...)

Dans quel délai l'employeur doit-il faire connaître sa réponse ?

L'employeur doit faire connaître sa réponse au salarié dans les 30 jours suivant la réception de la demande. Il doit indiquer soit son acceptation, soit les raisons qui motivent le rejet ou le report de la demande [C. trav., art. R. 6322-5]. L'employeur qui s'abstient de répondre dans le délai requis est considéré comme ayant donné son accord [Cass. soc., 22 janv. 1992, n° 88-41.294].(...)

L'employeur peut reporter une demande de CIF dans deux cas :

– absence du salarié préjudiciable à la production et à la marche de l'entreprise ;

– nombre trop important de salariés absents au titre du CIF.

Supplément Social pratique, n° 554, 10 octobre 2010

DOCUMENT 8

La prise en charge financière

Quel est le montant de la rémunération d'un salarié en CIF ?

Le salarié bénéficiaire d'un CIF qui a obtenu d'un organisme paritaire la prise en charge du congé a droit à une rémunération égale à un pourcentage du salaire qu'il aurait perçu s'il était resté à son poste de travail [C. trav., art. L. 6322-17 ; D. n° 84-613, 16 juill. 1984 modifié].(...)

Pour un salaire de référence inférieur à deux fois le Smic, le stagiaire perçoit le même salaire que s'il travaillait, quelle que soit la durée de la formation.

Pour un salaire de référence supérieur ou égal à deux fois le Smic, le stagiaire perçoit, soit :

– 80 % du salaire brut ou 90 % pour une action de formation considérée comme prioritaire (voir n° 96), si la durée de la formation est inférieure ou égale à un an ou 1 200 heures ;

– 60 % au-delà d'un an ou de 1 200 heures.

Toutefois, le salarié a la garantie que sa rémunération sera au moins égale à deux fois le Smic pendant la durée du CIF.

Le stage est rémunéré pour toute sa durée (1 200 heures à temps partiel ou un an au plus). (...)

Par qui la rémunération est-elle versée ?

La rémunération due aux bénéficiaires d'un CIF est versée par l'employeur. Celui-ci en obtient ensuite le remboursement auprès de l'organisme paritaire, ainsi que celui des charges sociales légales : cotisations patronales de Sécurité sociale, assurance chômage, retraite complémentaire. (...)

Supplément Social pratique, n° 554, 10 octobre 2010

DOCUMENT 9

Statut du stagiaire

Quelle est l'incidence du CIF sur le contrat de travail ?

Pendant la durée d'un congé de formation, le contrat de travail du salarié est suspendu.

La durée du CIF est assimilée à un temps de travail effectif pour les droits que le salarié tient de son ancienneté dans l'entreprise. (...)

Que se passe-t-il à l'issue du CIF ?

(...) À l'issue de sa formation, le salarié doit donc être réintégré dans l'entreprise à un poste de travail correspondant à la qualification et à la rémunération prévues dans son contrat de travail.

Il ne doit pas y avoir modification de ce dernier. Toutefois, le salarié n'est pas assuré de retrouver exactement le même poste : il peut être réintégré à un poste équivalant à celui qu'il occupait précédemment.

Le salarié peut-il espérer une promotion ?

Le CIF n'ouvre aucun droit particulier au salarié. Notamment, l'employeur n'a aucune obligation de promotion et n'est donc pas obligé de reconnaître la qualification acquise par le salarié suite à une formation dans le cadre du congé ; il est seulement tenu de le réintégrer à un poste de travail équivalant à celui qu'il occupait précédemment. (...)

Supplément Social pratique, n° 554, 10 octobre 2010

ÉVOLUTION DE LA RELATION DE TRAVAIL

5

COMPÉTENCES ATTENDUES
- Qualifier les modifications de la relation de travail.
- En déduire les conséquences juridiques.

On ne passe plus toute sa vie dans la même entreprise

Parce que le contrat de travail développe ses effets sur une longue période (onze ans en moyenne en France), de nombreux événements plus ou moins prévisibles peuvent venir en affecter le déroulement. Si certains s'inscrivent normalement dans le cadre de son exécution, d'autres menacent la stabilité de l'emploi. Pour y faire face, le droit du travail a développé des techniques originales, **conciliant nécessités de l'entreprise et protection du salarié** [...].

J.-E. Ray, *Droit du travail, droit vivant,* Éditions Liaisons, édition 2010-2011

Mobilité professionnelle, restructurations… mais que devient l'emploi ?

« Mon employeur nous a annoncé qu'en raison des difficultés de l'activité commerciale, des salariés devraient changer de service afin de dégraisser le service commercial. »

L'externalisation et ses problèmes sociaux

Chiffon rouge pour nombre de groupes, l'article L 122-12 du Code du travail (article 1224-1 nouveau) date de 1928, et a été repris par le droit communautaire en 1977. L'idée est simple : en cas de vente, de fusion ou tout simplement de succession, « les contrats de travail en cours subsistent entre le nouvel employeur et le personnel de l'entreprise ». Cette entorse à l'effet relatif des contrats a une double fonction : assurer la stabilité de l'emploi et permettre au repreneur de poursuivre l'activité.

J.-E. Ray, *Le Monde*, 14 mai 2002

1. Quels sont les événements qui vont affecter les conditions de travail ?
2. Quels sont les enjeux de l'évolution du contrat de travail ?
3. Comment le droit du travail parvient-il à concilier protection du salarié et liberté de gestion de l'entreprise ?

Sommaire

I. MODIFICATION DU CONTRAT ET CHANGEMENT DES CONDITIONS DE TRAVAIL

1 Distinction entre modification du contrat et conditions de travail

DOCUMENT 1

Pourquoi distinguer modification du contrat et changement des conditions de travail ?

Article 1134 du Code civil : *Les conventions légalement formées tiennent lieu de loi à ceux qui les ont faites. Elles ne peuvent être révoquées que de leur consentement mutuel [...].*

Les tribunaux distinguent :

– **la modification du contrat de travail** : il s'agit de la modification d'un élément qui a été déterminant pour la conclusion du contrat, par nature ou par la volonté des parties. L'accord du salarié est alors nécessaire ;

– **le changement des conditions de travail** par l'employeur dans le cadre de son pouvoir de direction. Le salarié, sauf s'il est protégé, ne peut pas refuser un tel changement, sous peine de commettre une faute.

Liaisons sociales quotidien, 27 octobre 2008

Après avoir défini les expressions « contrat de travail » et « conditions de travail », montrez quelles sont les différences, les fondements et les intérêts de la distinction entre modification du contrat et changement des conditions de travail.

DOCUMENT 2

Les quatre piliers du contrat de travail

Le socle contractuel			
Rémunération contractuelle	Qualification du salarié	Lieu de travail	Durée du travail

DOCUMENT 3

Quelles modifications du contrat de travail ?

« La rémunération contractuelle constitue un élément du contrat qui ne peut être modifié même de façon minime sans l'accord du salarié. » Cass. soc., 3 mars 1998

« La circonstance que la tâche donnée soit différente de celle que le salarié effectuait antérieurement ne caractérise pas une modification du contrat dès l'instant où elle correspond à sa qualification. » Cass. soc., 10 mai 1999

« Le changement d'horaires constituant une nouvelle répartition au sein de la journée, alors que la durée du travail et la rémunération restent identiques, constitue un simple changement des conditions de travail. » Cass. soc., 20 février 2007

« Le changement du lieu de travail s'est effectué dans le même secteur géographique [...], le contrat de travail de la salariée n'a pas été modifié. » Cass. soc., 13 juillet 2010

Après avoir recensé les éléments qui peuvent donner lieu à une modification du contrat, qualifiez les situations suivantes et justifiez votre réponse.

a - L'employeur veut, par le biais d'un nouveau système de vente, réduire ou supprimer certaines commissions dues au salarié.

b - L'employeur propose au salarié un nouveau mode de calcul de sa rémunération plus avantageux pour le salarié.

c - Le passage d'un horaire de jour à un horaire de nuit.

d - Un salarié est embauché en qualité de conducteur de grue. L'employeur le mute aux fonctions de chauffeur polyvalent.

2 Conséquences de la distinction

DOCUMENT 4

Modification du contrat ou changement des conditions de travail ?

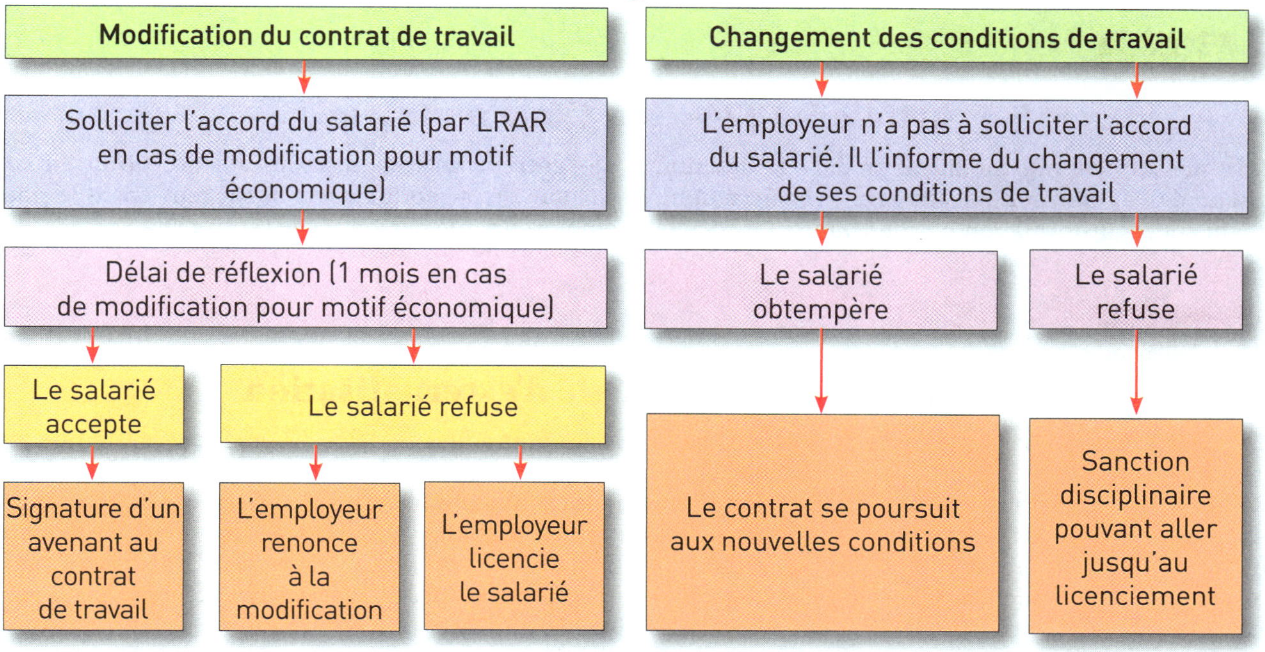

DOCUMENT 5

Reclassement du salarié

Un salarié a refusé une proposition de modification de son contrat, qui consistait à modifier le mode de calcul de ses commissions. Il a été licencié pour motif économique. La Cour de cassation dans un arrêt rendu le 25 novembre 2009 décide que la proposition d'une modification du contrat de travail, que le salarié peut toujours refuser, ne dispense pas l'employeur de son obligation de reclassement. L'employeur est tenu de proposer au salarié tous les emplois disponibles de la même catégorie ou, à défaut, d'une catégorie inférieure sans pouvoir limiter ses offres en fonction de la volonté présumée de l'intéressé de les refuser.

1 Quelles sont les raisons que peut invoquer l'employeur pour justifier la modification du contrat du salarié ?

2 Pourquoi l'employeur a-t-il une obligation de reclassement du salarié en cas de modification du contrat pour motif économique ? Comment doit-il la mettre en application ?

DOCUMENT 6

Cas particulier : mobilité des fonctionnaires

La fonction publique : mobilité en chiffres 2007-2008

4,9 % géographique (changement de département) ; 2,8 % catégorielle (changement de catégorie socioprofessionnelle) ; 6,9 % statutaire (exercice de l'activité dans une administration autre que celle d'origine) ; 0,3 % structurelle (changement de ministère ou de grand service).

Loi relative à la mobilité des fonctionnaires

Publiée le 6 août 2009 au *Journal officiel*, la loi relative à la mobilité et aux parcours professionnels dans la fonction publique apporte des solutions aux blocages trop souvent observés face aux souhaits de mobilité des agents publics.

Elle lève les derniers freins statutaires et indemnitaires à la mobilité et crée de nouvelles garanties, au bénéfice des fonctionnaires qui souhaitent évoluer dans leur vie professionnelle.

www.fonction-publique.gouv.fr

Après avoir analysé les chiffres relatifs à la mobilité dans la fonction publique (au regard du statut des fonctionnaires), vous montrerez quelles sont les différences et les ressemblances entre la mobilité des fonctionnaires et celle des salariés.

II. MAINTIEN DE LA RELATION DE TRAVAIL

1 Principe du maintien des contrats de travail

DOCUMENT 7

Article L 1224-1 du Code du travail

Lorsque survient une modification dans la situation juridique de l'employeur, notamment par succession, vente, fusion, transformation du fonds, mise en société de l'entreprise, tous les contrats de travail en cours au jour de la modification subsistent entre le nouvel employeur et le personnel de l'entreprise.

DOCUMENT 8

Les risques de la stratégie d'externalisation

La stratégie d'externalisation est porteuse de risques qu'il importe de maîtriser. […] Risques juridiques liés à la gestion du personnel : bien que la loi autorise le transfert du personnel dans le cas d'une externalisation des activités conformément à l'article L 1224-1 du Code de travail qui **impose au nouveau prestataire la reprise des contrats de travail,** l'entreprise ne doit l'entreprendre qu'avec prudence. Ainsi, le transfert de services ou d'activités avec leurs salariés n'est admis juridiquement que si ces activités sont des entités économiques autonomes, c'est-à-dire « **un ensemble organisé de personnes et d'éléments corporels ou incorporels permettant l'exercice d'une activité économique poursuivant un objectif propre** ». Une société agro-alimentaire qui souhaitait confier à un prestataire la fabrication de palettes de bois, avec le transfert de 52 salariés, vient ainsi d'être déboutée par la Cour de cassation suite à un recours de la CGT. Le motif avancé est que la fabrication des palettes n'est pas une entité autonome. Le reclassement des 52 salariés au sein de la société a été exigé par la justice. Cette décision de la Cour de cassation limite ainsi l'usage de l'externalisation comme outil de la flexibilité numérique, c'est-à-dire comme un moyen de manager ses effectifs.

www.lesechos.fr, 28 octobre 2008

DOCUMENT 9

Le maintien des contrats de travail : à quelles conditions ?

Si, malgré le changement survenu, l'entité économique concernée conserve son identité, l'activité est poursuivie ou reprise, les contrats de travail en cours sont maintenus.

L'application de ce principe implique que l'entreprise continue à fonctionner dans des conditions d'exploitation analogues aux précédentes (similitude des procédés techniques et du matériel utilisé, mêmes types de postes de travail…).

Foucher

Qu'est-ce qu'une entité économique qui conserve son identité et dont l'activité est maintenue ? Dans quelles circonstances ce concept est-il évoqué ?

2 Effets

DOCUMENT 10

Article L 1224-2 du Code du travail

Le nouvel employeur est tenu, à l'égard des salariés dont les contrats de travail subsistent, aux obligations qui incombaient à l'ancien employeur à la date de la modification […].

Le premier employeur rembourse les sommes acquittées par le nouvel employeur, dues à la date de la modification, sauf s'il a été tenu compte de la charge résultant de ces obligations dans la convention intervenue entre eux.

Quelles sont les obligations du premier employeur ? du nouvel employeur ? du salarié ? Comment le droit assure-t-il la stabilité de l'emploi tout en laissant à l'employeur sa liberté de gestion ?

Analyse d'une situation juridique

COMPÉTENCE ATTENDUE

- Qualifier les modifications de la relation de travail, en déduire les conséquences juridiques.

Gérer les modifications du contrat

Mise en situation

Vous êtes l'assistant de M. Martin, directeur des ressources humaines (DRH) de l'entreprise Nemo. Afin d'accroître sa compétitivité, la société Némo, qui exploite deux garages automobiles (l'un à Grenoble et l'autre à Lyon) occupant 60 salariés au total, envisage une restructuration entraînant des problèmes de gestion du personnel et la modification de certains contrats de travail.

TRAVAIL À FAIRE

Le DRH vous demande de préparer ce dossier juridique en vous aidant de la documentation jointe.

1 Vous rédigerez une fiche pratique recensant les droits et les obligations du salarié en cas de modification affectant sa relation de travail.

2 Vous proposerez une solution argumentée pour chacun des deux dossiers présentés ci-dessous.

DOCUMENT 13

La société Némo

Premier dossier : la concession Ford

La société Némo vient d'obtenir la concession exclusive de la marque Ford, concession confiée au préalable au garage Maxtor qui en était le concessionnaire exclusif à Grenoble. Ce garage emploie 30 salariés. M. Martin, le DRH de la société Némo, se demande s'il doit reprendre les salariés du garage Maxtor.

Deuxième dossier : Arthur, Vincent et André

Pour des raisons économiques, il envisage de restructurer le garage de Grenoble car il a trop d'effectifs dans certains secteurs et pas assez dans d'autres.

– Il propose à Arthur, un mécanicien, de passer d'un travail à temps complet à un travail à temps partiel. Arthur refuse.

– Un incendie dû à un court-circuit ravage totalement l'atelier peinture de Lyon. Des travaux importants sont prévus pour une durée qu'il est difficile de fixer avec précision. Des salariés de cet atelier sont mutés à Grenoble (distance : 100 km) pour la durée des travaux. Vincent refuse.

– André, qui supervisait deux ateliers (carrosserie et réparations minute) et qui gérait une équipe de 20 personnes, va perdre la responsabilité de l'atelier réparations minute qui sera confiée à Marc. André va ainsi diriger une équipe de 10 personnes seulement, mais sa rémunération n'en sera pas modifiée. Il refuse.

DOCUMENT 14

Qu'est-ce qu'une modification de contrat selon la Cour de cassation ?

La mobilité géographique

L'employeur peut, en l'absence de clause de mobilité, modifier le lieu de travail de ses salariés dès lors que les nouveaux locaux sont situés dans le même secteur géographique. En refusant la modification des conditions de travail, le salarié s'expose à un licenciement pour faute. « Le changement de lieu de travail doit être apprécié de façon objective », dit la Cour de cassation. Les juges doivent définir localement le secteur géographique en fonction des facilités de communication, des transports existants, des habitudes culturelles…

Mutation temporaire

… Si l'affectation occasionnelle d'un salarié en dehors du secteur géographique où il travaille habituellement […] peut ne pas constituer une modification de son contrat de travail, il n'en est ainsi que lorsque cette affectation est motivée par l'intérêt de l'entreprise, qu'elle est justifiée par des circonstances exceptionnelles, et que le salarié est informé préalablement dans un délai raisonnable du caractère temporaire de l'affectation et de sa durée prévisible.

La modification de la rémunération et de la qualification

Arrêt de la chambre sociale de la Cour de cassation du 9 janvier 2008

Attendu que la cour d'appel a relevé que le salaire de M. Pottier avait varié dans des proportions importantes sans que l'employeur puisse justifier d'un accord même implicite et que cette baisse de rémunération s'était accompagnée d'une modification des fonctions caractérisée par un allégement unilatéral de sa responsabilité et la suppression de la maintenance informatique, de la gestion du cabinet, de l'animation et de la coordination de l'équipe ; qu'elle a pu en déduire que l'employeur avait modifié unilatéralement le contrat de travail, ce qui justifiait la rupture du contrat de travail aux torts de l'employeur.

Cass. soc., 3 février 2010

DOCUMENT 15

Le changement d'employeur

Arrêt de la chambre sociale de la Cour de cassation, 11 juin 2002

« Attendu que, pour décider que l'article L. 1224-1 du Code du Travail n'était pas applicable, l'arrêt retient que la société GGA, qui a continué à fournir du travail aux salariés non repris par la société Paillard, a conservé la jouissance de ses locaux et qu'il n'y a eu ni cession ou location de locaux au nouveau concessionnaire, ni cession d'un stock de véhicules et de pièces de rechange ; que la société GGA a repris et étendu une activité de vente de véhicule d'occasion toutes marques et qu'elle a exercé comme auparavant une activité de réparation de véhicules et de contrôle technique ; que des véhicules de la marque Peugeot ont continué à être vendus par des sociétés appartenant au même groupe que la société GGA. »

Le changement de concessionnaire exclusif de la vente de véhicules automobiles d'une marque entraîne le transfert d'une entité économique autonome constituée d'un ensemble organisé de personnes et d'éléments corporels ou incorporels permettant l'exercice d'une activité économique qui poursuit un objectif propre, ayant conservé son identité et dont l'activité est poursuivie.

DOCUMENT 16

Les conséquences de la modification du contrat

Arrêt de la chambre sociale de la Cour de cassation, 24 septembre 2008

Attendu que la rupture résultant du refus par le salarié d'une modification de son contrat de travail, proposée par l'employeur pour un motif non inhérent à sa personne, constitue un licenciement pour motif économique. […]

RUPTURE DE LA RELATION DE TRAVAIL

6

COMPÉTENCE ATTENDUE

- Distinguer les différentes causes de rupture du contrat à durée indéterminée.

Article L. 1231-1 du Code du travail

Le contrat de travail à durée indéterminée peut être rompu à l'initiative de l'employeur, ou du salarié, ou d'un commun accord.

Lettre de licenciement

À Lyon, le 20 septembre

Lettre recommandée avec accusé réception

Monsieur,

Pour faire suite à l'entretien que nous avons eu le 15 septembre et malgré vos explications, nous vous informons de notre décision de vous licencier en raison de votre insuffisance professionnelle.

Votre préavis commence à courir à la date de présentation de cette lettre pour se terminer au plus tard le 27 octobre.

Vous restez tenu de l'ensemble des obligations de votre contrat de travail pendant la durée de votre préavis…

M. Durand, Gérant de la Sarl D

Les obligations du salarié démissionnaire

Puis-je prendre mes congés plutôt que d'effectuer mon préavis ?

Le Particulier, mars 2008

1. Montrez comment le droit assure la protection du salarié lors de la rupture du contrat de travail malgré le principe de liberté évoqué à l'article L. 1231-1 du Code du travail.
2. Recensez les différents modes de rupture du contrat de travail.

Sommaire

I. LICENCIEMENT POUR MOTIF PERSONNEL

1 Les motivations du licenciement

DOCUMENT 1

Exigence d'une cause réelle et sérieuse

Article L. 1232-1 du Code du travail
Tout licenciement pour motif personnel est motivé […]. Il est justifié par une cause réelle et sérieuse.

DOCUMENT 2

L'employeur doit bien choisir le motif de licenciement

Cour de cassation chambre sociale, 22 octobre 2008

Attendu, selon l'arrêt attaqué, que M. X… a été engagé le 28 octobre 1994 par la société E3 en qualité de consultant technique ; […] que M. X…, licencié le 19 mars 2004 pour **insuffisance professionnelle**, a saisi la juridiction prud'homale pour voir juger que son licenciement était sans **cause réelle et sérieuse** ;

Attendu que pour débouter M. X… de ses demandes la cour d'appel, […], énonce que son comportement dénote un manque de disponibilité et de professionnalisme à l'égard de la clientèle, et que ce grief, qui ne repose pas sur des incidents mineurs eu égard aux fonctions techniques qu'il exerçait, est établi et suffit à caractériser l'insuffisance professionnelle reprochée et à justifier le licenciement de ce salarié ;

Qu'en se déterminant ainsi, alors qu'elle était saisie de conclusions du salarié soutenant que l'employeur, procédant à des restructurations successives, cherchait à limiter ses coûts en réduisant ses effectifs, ce dont il déduisait que le véritable motif de son **licenciement était économique**, la cour d'appel, qui n'a pas recherché la **cause exacte du licenciement**, n'a pas donné de base légale à sa décision.

DOCUMENT 3

Insuffisance professionnelle

Elle se définit comme le fait, pour un salarié, de ne pas exécuter son travail de manière satisfaisante. Elle peut revêtir des formes très variées, selon la nature des fonctions. Elle peut se traduire sur le plan quantitatif (erreurs matérielles, rendement insuffisant, etc.) et/ou sur le plan qualitatif (manque d'autorité, management inadapté, etc). L'incompétence doit reposer sur des éléments objectifs, vérifiables et sérieux, rendant impossible le maintien du contrat de travail.

Par ailleurs, cette insuffisance ne doit pas être imputable à l'employeur.

www.editions-tissot.fr

DOCUMENT 4

Quelques exemples de motifs personnels de licenciement

Exemples de motifs de licenciement retenus par les juges	Exemples de motifs non retenus par les juges
– Insuffisance professionnelle reposant sur des faits objectifs et vérifiables. – Insuffisance de résultats si ces derniers étaient réalistes. – Maladie prolongée ou absences répétées qui entraînent une désorganisation du service. – Faute du salarié (fumer du haschisch dans l'entreprise, insubordination, retards répétés, vol…).	– Motif discriminatoire (licenciement du salarié qui vient de révéler son homosexualité, ou son appartenance à un syndicat…). – Motif tiré de la vie privée du salarié. – Refus par le salarié de la modification non motivée de son contrat de travail.

Foucher

1. Qu'appelle-t-on une « cause réelle et sérieuse » ? Pourquoi est-elle exigée ?
2. Quelle leçon faut-il tirer de cet arrêt (document 2) ? Quels sont les deux types de licenciement ?
3. À quelles conditions l'insuffisance professionnelle est-elle retenue comme cause réelle et sérieuse de licenciement ?
4. Qu'est ce qu'un licenciement fautif ? Quelles sont les différentes sortes de fautes ?

2 Procédure de licenciement

DOCUMENT 5

Les trois étapes de la procédure

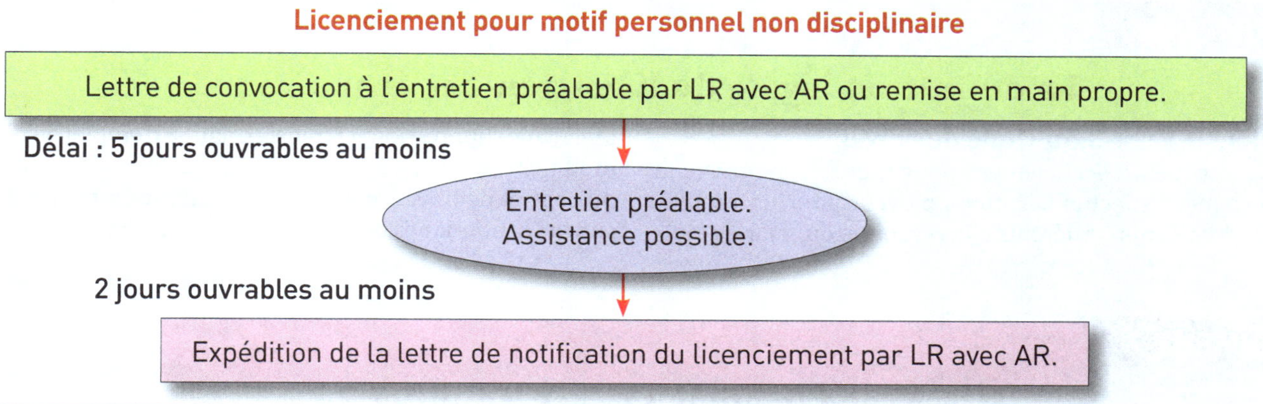

1. Après avoir expliqué les buts de chaque étape, vous montrerez que cette procédure assure le respect des droits de la défense.
2. Quelle est l'importance de la rédaction de la lettre de licenciement ?
3. Que risque un employeur qui licencie sans motif ou sans respecter la procédure ?

3 Statut du salarié licencié

DOCUMENT 6

À quelles indemnités pouvez-vous prétendre si votre licenciement revêt une cause réelle et sérieuse ?

Si votre licenciement revêt une cause réelle et sérieuse vous pouvez prétendre à l'indemnité légale ou conventionnelle de licenciement et aux indemnités compensatrices de congés payés. Une indemnité compensatrice de préavis peut vous être attribuée si vous ne l'effectuez pas. Les indemnités légale et conventionnelle de licenciement ne sont pas cumulables : vous devez percevoir celle qui vous est la plus favorable.

L'indemnité légale de licenciement a un montant unique, que le licenciement soit prononcé pour motif personnel ou pour motif économique.

Elle est égale à 1/5 de mois de salaire par année d'ancienneté, auquel s'ajoutent 2/15 de mois par année d'ancienneté au-delà de 10 ans (si le salarié a plus d'un an d'ancienneté).

DOCUMENT 7

Le salarié licencié refuse d'exécuter son préavis (Cass. soc. 18 juin 2008)

« Attendu que l'obligation de respecter le délai-congé s'impose aux parties au contrat ; qu'il s'en déduit que lorsqu'il n'en a pas été dispensé, le salarié qui n'a pas exécuté son préavis doit à l'employeur une indemnité compensatrice. »

En cas de licenciement, la durée du préavis dépend de l'ancienneté du salarié dans l'entreprise. Pour une ancienneté de moins de 6 mois, la loi ne prévoit rien, mais les conventions collectives et les usages peuvent fixer un délai.

La durée du préavis de licenciement est d'un mois minimum, entre 6 mois et 2 ans d'ancienneté.

Elle est de 2 mois au delà de 2 ans d'ancienneté.

1. Recensez les différentes indemnités versées au salarié en cas de licenciement et justifiez leur existence.
2. Pourquoi l'employeur doit-il respecter un délai de préavis ou délai-congé ? Quels sont les droits et obligations du salarié en la matière ?

II. LICENCIEMENT POUR MOTIF ÉCONOMIQUE

1 Le domaine du licenciement économique

DOCUMENT 8

La définition légale du licenciement économique

Article L 1233-3 du Code du travail

Constitue un licenciement pour motif économique le licenciement effectué par un employeur pour un ou plusieurs motifs non inhérents à la personne du salarié résultant d'une suppression ou transformation d'emploi ou d'une modification, refusée par le salarié, d'un élément essentiel du contrat de travail, consécutives **notamment** à des difficultés économiques ou à des mutations technologiques.

DOCUMENT 9

Arena licencie sans se mouiller ?

Le feuilleton…

1re étape : saisine du conseil de prud'hommes de Bordeaux

72 anciens salariés d'Arena contestent leur licenciement économique auprès du tribunal des prud'hommes de Bordeaux, le motif étant mal fondé selon leur avocat.

L'usine de Libourne avait fermé ses portes le 30 mars dernier pour délocaliser sa production en Chine et en Grèce.

L'entreprise de fabrication de maillots de bain qui sponsorisait la nageuse Laure Manaudou est une nouvelle fois victime de la mondialisation. La fin de l'activité de l'usine avait été annoncée en novembre dernier en raison du manque de compétitivité du site libournais. Le directeur général d'Arena France avait cité à l'AFP le chiffre de + 40 % qui est la différence de coût entre un maillot produit à Libourne et ce même produit acheté chez un fournisseur extérieur. La direction d'Arena-France avait décidé de délocaliser sa production, notamment en Chine et en Grèce, en maintenant à Libourne la filière de commercialisation avec 47 emplois.

4 mai 2008, France 3.fr

2e étape : la décision du conseil de prud'hommes de Bordeaux

(…) Le juge départiteur (les conseillers prud'homaux n'ayant pu se mettre d'accord le 12 février 2008) leur donne aujourd'hui raison en démontant les arguments d'Arena. Selon le juge, en fermant son activité française (une usine de 169 salariés basée à Libourne) pour la sous-traiter en Chine, le fabricant de maillots de bain visait à augmenter ses marges et non à les « *rétablir* », comme il l'avait affirmé. « *Cette circonstance ne saurait à elle seule constituer un motif économique de licenciement suffisant* », précise le jugement.

Arena avait eu le culot de justifier ces licenciements par son besoin d'investir dans la publicité. Le juge rétorque que la société « *connaissait une notoriété mondiale sans précédent grâce aux résultats de son icône publicitaire, Laure Manaudou* ». Pas de doute pour le juge départiteur : Arena a licencié les ouvrières pour des raisons purement financières. En clair, la société les a sacrifiées sur l'autel de la rentabilité maximale.

Selon Me Emmanuelle Hellot-Cintract, spécialiste du droit du travail, la décision des prud'hommes est tout à fait fondée : « *Il est constant que la délocalisation des activités d'Arena dans des pays à coût salarial inférieur à la France n'est pas un motif sérieux de licenciement économique. L'entreprise doit prouver ses réelles difficultés économiques, la menace qui pèse sur sa compétitivité.* »

www.marianne2.fr, 9 septembre 2008

3e étape : décision de la cour d'appel de Bordeaux du 24 février 2009

La cour d'appel a condamné Arena à verser 3 millions d'euros aux 92 salariés licenciés, lesquels toucheront des sommes variant de 15 000 € à 59 000 € en fonction de l'ancienneté, de l'âge et de la situation personnelle de chacun.

1. Quels sont les motifs licites justifiant des mesures de licenciement économique ?
2. Quelles sont les sanctions pour un licenciement économique sans cause réelle et sérieuse ?
3. Une entreprise qui connaîtra une baisse d'activité et des difficultés économiques dans quelques mois peut-elle invoquer un motif économique pour licencier aujourd'hui ?

2 Les mesures de reclassement

DOCUMENT 10

Anticipation des difficultés économiques

Obligation triennale de négocier la GPEC : article L.2242-15 du Code du travail

Dans les entreprises et les groupes d'entreprises de 300 salariés et plus (...), l'employeur engage tous les trois ans une négociation sur (...) la mise en place d'un dispositif de gestion prévisionnelle des emplois et des compétences (GPEC), sur laquelle le comité d'entreprise est informé, ainsi que sur les mesures d'accompagnement susceptibles de lui être associées, en particulier en matière de formation, de validation des acquis de l'expérience, de bilan de compétences ainsi que d'accompagnement de la mobilité professionnelle et géographique des salariés.

Les petites entreprises et la GPEC : article L.5121-3 du Code du travail

Les entreprises qui souhaitent élaborer un plan de gestion prévisionnelle des emplois et des compétences peuvent bénéficier d'un dispositif d'appui à la conception de ce plan. Ce dispositif ouvre droit à une prise en charge financière par l'Etat.

Obligation d'adaptation : article L.1233-4 du Code du travail

Le licenciement pour motif économique d'un salarié ne peut intervenir que lorsque tous les efforts de formation et d'adaptation ont été réalisés...

DOCUMENT 11

Les obligations préalables au licenciement

Obligation de reclassement : article L.1233-4 du Code du travail

Le licenciement pour motif économique ne peut intervenir que lorsque (...) le reclassement de l'intéressé ne peut être opéré dans l'entreprise ou dans les entreprises du groupe auquel l'entreprise appartient. Le reclassement du salarié s'effectue sur un emploi relevant de la même catégorie que celui qu'il occupe ou sur un emploi équivalent, assorti d'une rémunération équivalente. A défaut, et sous réserve de l'accord exprès du salarié, le reclassement s'effectue sur un emploi d'une catégorie inférieure.

Obligation d'établir un plan de sauvegarde de l'emploi (PSE)

Dans les entreprises de 50 salariés et plus, lorsque le projet de licenciement concerne 10 salariés ou plus, l'employeur établit et met en œuvre un plan de sauvegarde de l'emploi pour éviter les licenciements ou en limiter le nombre.

Le plan de sauvegarde de l'emploi prévoit des mesures telles que :

1 – des actions en vue du reclassement interne des salariés sur des emplois relevant de la même catégorie d'emplois ou équivalant à ceux qu'ils occupent ou, sous réserve de l'accord exprès des salariés concernés, sur des emplois de catégorie inférieure ;

2 – des créations d'activités nouvelles par l'entreprise ;

3 – des actions favorisant le reclassement externe à l'entreprise, notamment par le soutien à la réactivation du bassin d'emploi ;

4 – des actions de soutien à la création d'activités nouvelles ou à la reprise d'activités existantes par les salariés ;

5 – des actions de formation, de validation des acquis de l'expérience ou de reconversion de nature à faciliter le reclassement interne ou externe des salariés sur des emplois équivalents ;

6 – des mesures de réduction ou d'aménagement du temps de travail ainsi que des mesures de réduction du volume des heures supplémentaires réalisées de manière régulière lorsque ce volume montre que l'organisation du travail de l'entreprise est établie sur la base d'une durée collective manifestement supérieure à trente-cinq heures hebdomadaires ou 1 600 heures par an et que sa réduction pourrait préserver tout ou partie des emplois dont la suppression est envisagée.

Recensez les différents moyens légaux permettant d'éviter ou de réduire le nombre de licenciements économiques.

3 L'intervention des représentants du personnel

DOCUMENT 12

Consultations et informations les instances représentatives du personnel

Licenciement de 2 à 9 salariés sur 30 jours

Le comité d'entreprise (ou d'établissement) ou, à défaut, les délégués du personnel, est consulté sur le projet de licenciement préalablement à sa mise en œuvre.

Licenciement d'au moins 10 salariés sur 30 jours

Le comité d'entreprise est consulté, au cours de deux réunions, sur les licenciements projetés et sur le plan de sauvegarde de l'emploi que l'employeur doit établir et mettre en œuvre.

www.travail-emploi-sante.gouv.fr

Comment les représentants du personnel sont-ils associés à la procédure de lienciement ?

III. AUTRES MODES DE RUPTURE

1 Rupture conventionnelle

DOCUMENT 13

Un nouveau mode de rupture qui rencontre un grand succès

Convention de rupture conventionnelle

I. Entre les soussignés :

La société ARMAND dont le siège social est situé à Clermont-Ferrand…, représentée par M. Calda, en sa qualité de gérant

et Marc Vincent, demeurant à Clermont-Ferrand… employé dans le cadre d'un contrat à durée indéterminée

Il a été convenu ce qui suit :

II. Pour des raisons de convenances personnelles, les parties ont décidé d'un commun accord de mettre un terme au contrat de travail qui les liait par une rupture conventionnelle.

III. La société Armand a convié M. Vincent à un entretien qui s'est déroulé le 20 septembre en présence de M. Paul, salarié de l'entreprise.

IV. Après négociation et suite à l'entretien du 10 septembre, les soussignés ont convenu :

1. de rompre le contrat d'un commun accord à compter du lendemain du jour de l'homologation de la convention, soit au plus tard le 10 novembre ;

2. que la société Armand versera à M. Vincent la somme brute de cinq mille euros au titre de l'indemnité spécifique de rupture conventionnelle.

V. Il est rappelé qu'à compter du lendemain de la signature de la présente convention, les parties disposent chacune de quinze jours calendaires pour se rétracter.

La partie qui use de ce droit devra en informer l'autre partie par courrier recommandé avec accusé de réception ou par lettre remise en main propre contre décharge.

À l'issue de ce délai, une demande d'homologation sera adressée au directeur départemental du travail, de l'emploi et de la formation professionnelle par la partie la plus diligente en vertu des articles L. 1237-14 et R. 1237-3 du Code du travail.

VI. M. Vincent a été informé que ce mode de rupture lui donne droit à indemnisation au titre de l'assurance chômage, s'il remplit les conditions requises.

Fait en deux exemplaires, le 20 septembre 20XX à Clermont-Ferrand

Signature du salarié
Lu et approuvé

Signature de l'employeur
Lu et approuvé

1 Retrouvez les règles relatives à la rupture conventionnelle (RC).

2 Quels sont les avantages et les risques de ce nouveau mode de rupture ?

2 Démission

DOCUMENT 14

Qu'est-ce que la démission ?

Article L 1237-1 du Code du travail

En cas de démission, l'existence et la durée du préavis sont fixées par la loi, ou par convention ou accord collectif de travail.

Extrait de l'arrêt de la Cour de cassation, chambre sociale, 9 mai 2007

« La démission est un acte unilatéral par lequel le salarié manifeste de façon claire et non équivoque sa volonté de mettre fin au contrat de travail. »

Après avoir défini ce qu'est la démission, vous montrerez quels en sont les avantages et les inconvénients pour le salarié par rapport au licenciement.

Analyse d'une situation juridique

COMPÉTENCE ATTENDUE

- Identifier les différentes ruptures du contrat de travail et leurs conséquences.

Gérer les licenciements

Mise en situation

Vous êtes l'assistant de M. Henri, le DRH de l'entreprise Malabar, spécialisée dans la construction de maisons écologiques, qui utilise notamment la paille comme matériau. Elle occupe 60 salariés. Elle a un comité d'entreprise et des délégués du personnel. Son activité était florissante jusqu'à ce que la crise économique fasse chuter le volume des commandes, avec pour conséquences un chiffre d'affaires en baisse constante et l'absence de nouveaux contrats...

Le DRH de l'entreprise vous demande de l'aider à procéder au licenciement de plusieurs salariés :

– Martin Jaspe : il est comptable et a fait des erreurs graves et répétées dans les comptes ;

– MM. Nicolas et Cordier, et Mme Stéphanie, qui ont tous les trois une ancienneté de 10 ans dans l'entreprise. Leurs postes sont supprimés en raison des difficultés économiques.

TRAVAIL À FAIRE

1 Indiquez toutes les démarches à faire dans l'ordre chronologique, ainsi que les éventuelles mesures de reclassement à mettre en œuvre pour ces différents licenciements.

2 Rédigez une note expliquant le motif du licenciement de M. Jaspe. Concernant Mme Stéphanie, rédigez sa lettre de licenciement.

Construction d'une maison écologique bioclimatique

DOCUMENT 15

Obligation de reclassement

Cass. soc., 24 mars 2010

Attendu que pour débouter la salariée de sa demande de dommages-intérêts pour licenciement sans cause réelle et sérieuse, l'arrêt retient, par motifs propres, que les résultats de l'entreprise étaient largement déficitaires depuis 1999 (...), que le poste de Mme X... avait bien été supprimé, que son reclassement en tant que musicienne s'est avéré impossible (...), que l'employeur a considéré qu'il n'était pas en mesure de proposer un reclassement à Mme X..., notamment en raison de sa qualification professionnelle de harpiste, qu'en tout état de cause elle n'a jamais fait valoir une éventuelle demande de reclassement sur un emploi du secteur restauration et qu'aucun poste de harpiste n'avait été créé depuis son licenciement ;

Qu'en statuant comme elle a fait, alors qu'il résulte de ses constatations que l'employeur n'avait pas fait à la salariée d'offres de reclassement écrites et précises sur un emploi relevant de la même catégorie que celui qu'elle occupait ou sur un emploi équivalent ou, à défaut, et sous réserve de l'accord exprès de l'intéressée, sur un emploi d'une catégorie inférieure, la cour d'appel, qui n'a pas tiré les conséquences de ces constatations, a violé le texte susvisé [...]

DOCUMENT 16

La lettre de licenciement économique

Elle doit indiquer les motifs économiques précis qui justifient la rupture du contrat de travail. L'employeur ne peut pas simplement faire référence à une baisse d'activité. Il doit faire état d'éléments concrets. La lettre doit également indiquer que le reclassement s'est avéré impossible, et elle doit informer le salarié de la priorité de réembauchage, de la durée du préavis (même durée que pour le licenciement pour motif personnel).

DOCUMENT 17

Fixation de l'ordre des licenciements (article L. 1233-5 du Code du travail)

L'employeur doit établir une liste fixant l'ordre des licenciements. À cette fin, il doit appliquer les critères proposés, soit par la convention collective, soit par l'accord collectif applicable à son entreprise. En l'absence de dispositions conventionnelles contraires, il établit lui-même l'ordre des licenciements, mais après consultation des représentants du personnel s'il y en a (comité d'entreprise ou à défaut délégués du personnel). En tout état de cause, l'employeur doit notamment prendre en compte les charges de famille, l'ancienneté, le handicap, l'âge et les qualités professionnelles appréciées par catégorie de salariés.

DOCUMENT 18

La convention de reclassement personnalisé (article L. 1233-65 du Code du travail)

Dans les entreprises de moins de 1 000 salariés, l'employeur propose à chaque salarié dont il envisage de prononcer le licenciement pour motif économique une convention de reclassement personnalisé.

Cette convention lui permet de bénéficier, après la rupture de son contrat de travail, d'actions de soutien psychologique, d'orientation, d'accompagnement, d'évaluation des compétences professionnelles et de formation destinées à favoriser son reclassement.

L'employeur propose cette convention au salarié au cours de l'entretien préalable. Le salarié dispose d'un délai pour l'accepter ou la refuser.

DOCUMENT 19

Procédure de licenciement économique de 2 à 9 salariés

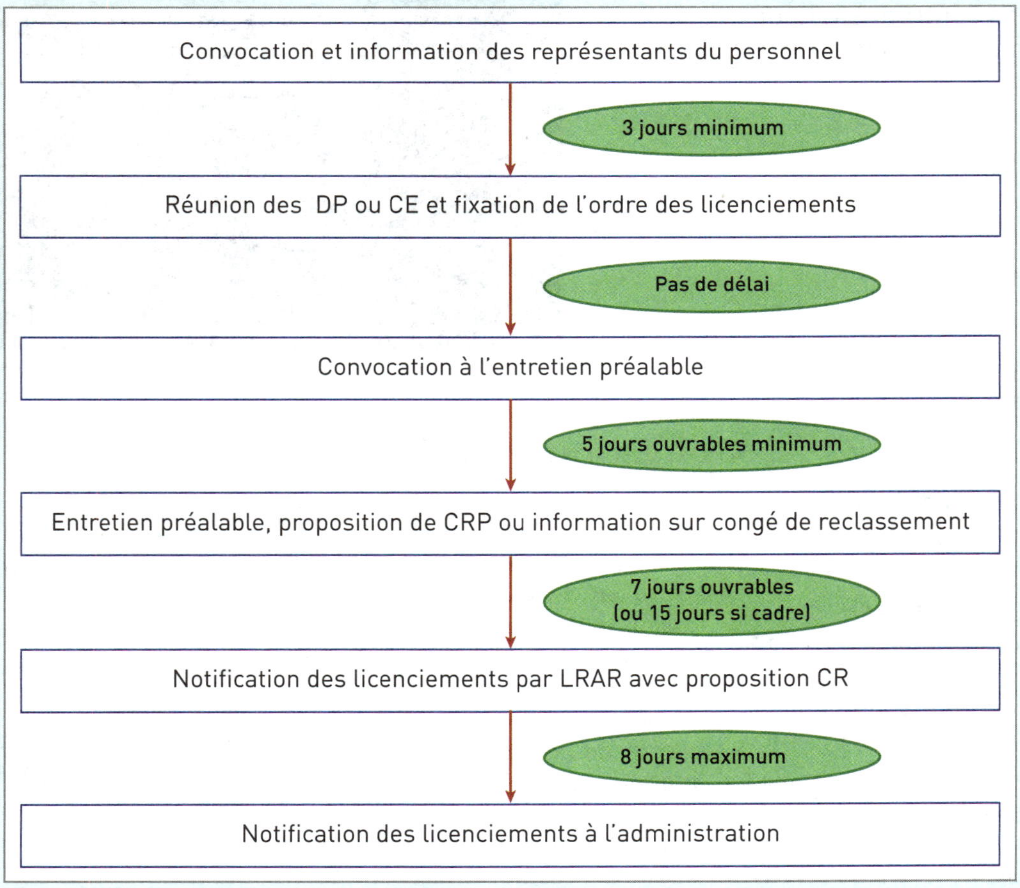

7

LA NÉGOCIATION COLLECTIVE

COMPÉTENCES ATTENDUES

- Identifier les enjeux d'une négociation collective.
- Résoudre un cas en articulant diverses sources de droit et en tirer les conséquences.

Une réalité très variée !

Répartition des textes signés et enregistrés en 2009*

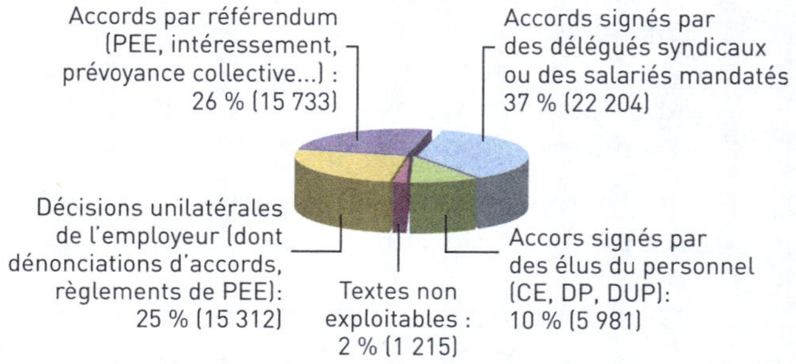

** Données provisoires au 31/12/2009. 60 445 textes pris en compte.*

Ministère du Travail, de la Solidarité et de la Fonction publique – Dares

Thèmes de négociation en 2009 parmi les accords signés par des délégués syndicaux ou des salariés mandatés

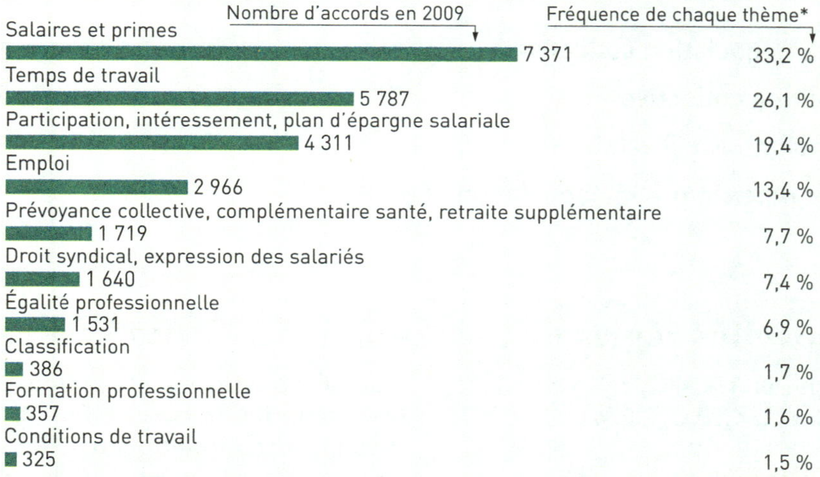

** Un texte peut aborder plusieurs thèmes.*

Dares, ministère du Travail

Nombres d'accords interprofessionnels selon l'année de signature

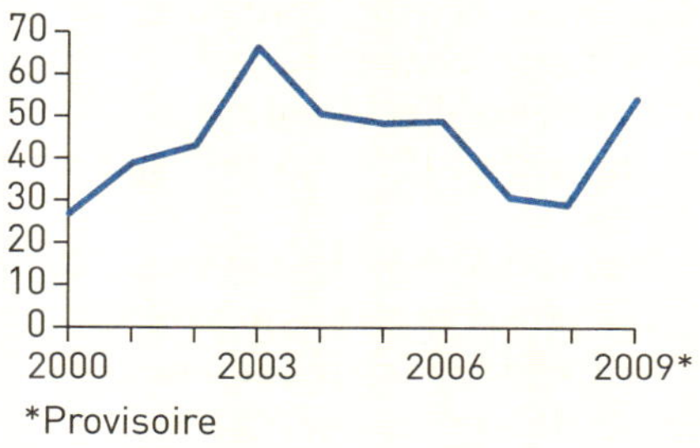

Nombre d'accords de branche selon l'année de signature

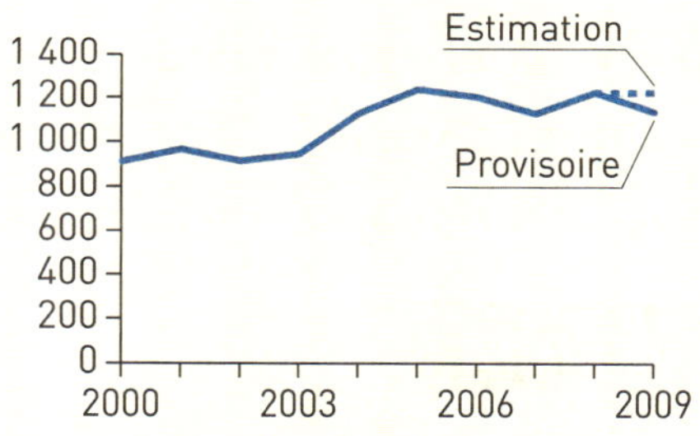

Ministère du Travail, de la Solidarité et de la Fonction publique – DGT (BDCC)

1 Identifiez les différents accords et analysez leur évolution.

2 Quels sont les principaux thèmes de négociation ?

Sommaire

I. LES ACTEURS DE LA NÉGOCIATION COLLECTIVE

DOCUMENT 1

Avec qui négocier ?

La loi n° 2008-789 du 20 août 2008 portant sur la rénovation de la démocratie sociale modifie les règles relatives à la négociation collective.

1. La représentativité des syndicats

Il n'existe plus d'organisations syndicales représentatives de plein droit. Désormais, les syndicats doivent prouver leur représentativité pour pouvoir participer à la négociation collective.

Les critères de représentativité sont les suivants :

– les effectifs d'adhérents et les cotisations ;

– l'influence, qui est caractérisée par l'activité et l'expérience du syndicat ;

– l'indépendance à l'égard de l'employeur ;

– une ancienneté d'au moins deux ans dans le champ professionnel et géographique de la négociation ;

– la transparence financière ;

– l'audience électorale :

- au moins 10 % des suffrages au niveau de l'entreprise ;
- au moins 8 % des suffrages au niveau de la branche et aux niveaux interprofessionnel et national.

2. La validité des accords négociés avec un délégué syndical

Les conventions et accords collectifs négociés au niveau interprofessionnel, de la branche et de l'entreprise doivent :

– être signés par un ou plusieurs syndicats représentatifs ayant obtenu au moins 30 % des suffrages lors des élections professionnelles ;

– ne pas avoir fait l'objet d'une opposition d'un ou plusieurs syndicats ayant recueilli la majorité des suffrages.

3. Les autres acteurs de la négociation collective dans l'entreprise

Les représentants élus et les salariés mandatés : l'employeur peut conclure des accords collectifs avec un représentant élu du personnel (élu du comité d'entreprise ou délégué du personnel) ou, à défaut, un salarié mandaté.

Cette faculté est ouverte en l'absence de délégué syndical dans l'entreprise, et même si aucun accord collectif étendu ne prévoit cette possibilité.

Le représentant de la section syndicale : c'est un nouvel acteur de la négociation collective institué par la loi.

Il peut être habilité à négocier :

– en l'absence de délégué syndical dans l'entreprise ;

– dans l'hypothèse où il n'a pas été possible de conclure d'accord collectif avec un représentant élu ou un salarié mandaté.

www.carriereonline.com, en partenariat avec juritravail.com

1 Quels sont les différents niveaux de la négociation collective ?

2 Qui, en principe, participe à la négociation collective ?

3 À quelles conditions l'accord collectif signé est-il valable ?

4 Quels sont les autres acteurs pouvant participer à la négociation et pourquoi ?

DOCUMENT 2

Les conséquences des nouvelles règles de représentativité syndicale

[…] **C'est l'un des premiers résultats d'élections professionnelles** depuis que la loi du 20 août 2008 en a complètement réformé les règles. Les conséquences sont saisissantes. Ainsi, les élections chez l'opérateur de télécommunications Eutelsat, qui se sont déroulées le 20 novembre, ont donné 70,6 % des suffrages à la CFE-CGC […]. Dans cette entreprise employant 560 salariés dont 80 % de cadres, la CGT a obtenu 11,5 % ; FO, 7,9 % ; la CFDT, 7,5 % et la CFTC, 2,5 % […].

La loi du 20 août 2008 réformant la démocratie sociale produit, ici, un effet spectaculaire : seules la CFE-CGC et la CGT sont maintenant représentatives, disposent de délégués syndicaux et peuvent négocier des accords. Les trois autres syndicats, qui ont obtenu moins de 10 %, ne sont plus représentatifs et perdent leurs prérogatives. Dans les faits, la CFE-CGC devient le seul interlocuteur de la direction pour les négociations collectives. Car, même si la CGT dispose du droit de négocier et de signer des accords, elle n'est pas en capacité de les valider, puisqu'elle obtient moins de 30 % des suffrages, et encore moins de s'y opposer. […]

Emmanuel Franck, *Entreprise & Carrières*, 2 décembre 2008

Quelles sont les conséquences de l'application de la loi du 20 août 2008 sur la négociation collective dans l'entreprise Eutelsat ?

II. LES DOMAINES ET LES NIVEAUX DE LA NÉGOCIATION COLLECTIVE

1 Les thèmes de négociation

DOCUMENT 3

Des thèmes de négociation réservés aux branches pour éviter le dumping

Les minima salariaux, les grilles de classification, la prévoyance ont été, entre autres, sanctuarisés par le législateur.

Si la négociation d'entreprise occupe aujourd'hui une place prééminente dans le dialogue social, plusieurs thèmes lui restent toutefois inaccessibles. Certains relèvent de l'ordre public social, comme les durées maximales de travail effectif, inscrites dans la loi.

D'autres domaines font l'objet d'interdiction de déroger dans les entreprises : ceux que l'accord de branche désigne lui-même ; et ceux dits « réservés » ou « sanctuarisés », qui relèvent d'une interdiction légale de déroger et restent donc du ressort exclusif de la négociation de branche. Il s'agit des minima salariaux, des classifications des postes, des garanties collectives relatives à la protection sociale complémentaire (régime de prévoyance, notamment) ainsi que de la mutualisation des fonds recueillis au titre de la formation continue. […]

Les salaires minima, par exemple, visent à éviter des phénomènes de dumping social entre les entreprises. […]

D'autres sujets font, au contraire, l'objet d'obligations de négocier dans les entreprises (mais sans obligation d'aboutir à un accord). Depuis les lois Auroux de 1982, ce champ s'est considérablement développé, en écho aux politiques publiques menées. Les entreprises disposant de délégués syndicaux doivent ouvrir des négociations annuelles obligatoires (NAO) sur les salaires, la durée effective du temps de travail et son organisation, notamment la mise en place du temps partiel à la demande de salariés. C'est aussi l'occasion d'examiner la situation de l'emploi dans l'entreprise.

Depuis la loi du 23 mars 2006, les négociations salariales doivent programmer des mesures permettant de supprimer, d'ici au 31 décembre 2010, les éventuels écarts de rémunération entre les femmes et les hommes. […]

Parmi les autres thèmes inscrits dans les NAO figurent les mesures relatives à l'insertion professionnelle des personnes handicapées et à leur maintien dans l'emploi. […]

Dans les entreprises qui emploient au moins 300 salariés ainsi que dans celles ayant une dimension européenne dont l'un des établissements compte au moins 150 salariés, l'employeur doit engager une négociation relative aux modalités d'information et de consultation du comité d'entreprise (CE) concernant la stratégie de l'entreprise et ses effets prévisibles sur l'emploi. Elle porte aussi sur la mise en place d'un dispositif de gestion prévisionnelle de l'emploi (GPEC) et les mesures qui peuvent lui être associées, telles que la formation, la validation des acquis de l'expérience, la catégorie des emplois éventuellement menacés par les évolutions économiques et technologiques, etc.

Une négociation triennale doit également se tenir sur l'accès des seniors et leur maintien dans l'emploi, ainsi que sur le déroulement de carrière des salariés exerçant des responsabilités syndicales.

F.A., *Le Monde*, mardi 30 septembre 2008

Signature d'un accord entre les syndicats et le Medef

1. Expliquez le sens de la première phrase du document.
2. Pour quelles raisons le législateur a-t-il pris une telle décision ?
3. Quels sont les domaines où la négociation est obligatoire ? Dans quelles entreprises et à quelle fréquence ?

2 Les niveaux de la négociation

DOCUMENT 4

L'usage du français au sein de General Electric Medical Systems

Le premier accord relatif à l'utilisation de la langue française dans une entreprise a été signé par le fabricant de matériel médical et trois syndicats, le 25 janvier dernier.

Un accord relatif aux modalités pratiques de l'usage de la langue française a été conclu, le 25 janvier 2008, entre **General Electric Medical Systems** et les syndicats CFDT, CGT et CGT-FO, pour une durée de cinq ans. Cet accord fait suite à un arrêt de la **cour d'appel** de **Versailles** du 2 mars 2006, condamnant la société, en application de l'article L. 122-39-1 du Code du travail, à mettre à la disposition de ses salariés en France une **version française** des **logiciels** et des **documents** portant sur la formation, l'hygiène et la sécurité, ainsi que ceux portant sur les produits fabriqués. Signé « en présence » des secrétaires du CE et des CHSCT, il s'accompagne de la signature d'un « **accord de résolution amiable** », mettant fin au conflit judiciaire.

Liste des documents à traduire

Les signataires conviennent d'une « **acceptation négociée** » des dispositions de l'article L. 122-39-1 du Code du travail, issu de la **loi Toubon** du 4 août 1994. En application de ce texte, la société s'engage à **traduire** en **français** un certain nombre de documents, quel que soit leur support. Il s'agit de tous ceux qui comportent des **obligations** pour le **salarié**, tels que le **contrat** de **travail** ou ses avenants, ainsi que ceux comportant des **dispositions** dont la **connaissance** est **nécessaire** aux salariés pour l'exécution de leur **travail**. La liste inclut :

– les **accords collectifs** et les engagements et **actes unilatéraux** de l'employeur ;

– le **règlement intérieur** et les notes de service relevant du statut collectif ;

– les **formations** et supports de formation.

L'accord pose le **principe** (une annexe fixant les exceptions) d'une **rédaction** en **français** des **documents conçus** ou rédigés en **France**, destinés à un personnel français ou francophone quel que soit le support utilisé. Allant plus loin que la définition des documents donnée par l'article L. 122-39-1, l'accord impose la **traduction** de toute la **communication** destinée au personnel, contenant des informations **économiques** ou **financière** relatives aux activités de la société, ainsi que la traduction des **documents techniques** reçus de l'étranger s'ils contiennent des informations relatives à la **sécurité** ou s'ils sont communiqués aux **clients** français.

Outils informatiques

Selon l'accord, l'ensemble des **outils informatiques** nécessaires aux salariés pour l'exécution de leur travail ou pour la mise en œuvre de leurs obligations et droits, doit aussi être disponible en version française. En cas d'**indisponibilité** des **logiciels** en français, la société s'engage à fournir aux salariés des modes d'emploi en français ainsi qu'un interlocuteur référent afin de faciliter la résolution de problèmes éventuels. Un système de **traduction automatisée** des écrans des applications et une aide à la traduction devront également être mis à la disposition des salariés, par le biais de leur **messagerie** électronique et d'Internet, mais aussi par des outils de traduction automatique technique. L'accord prévoit aussi des **garanties disciplinaires** : aucune sanction ne pourra être infligée à un salarié en cas de fautes commises suite à l'incompréhension d'un document qui n'aurait pas été traduit. La société devra, avant toute sanction, vérifier le **lien** de **causalité** entre cette absence de compréhension et les faits reprochés au salarié, ainsi que son niveau de maîtrise de la langue anglaise.

Formation à la langue anglaise

Les salariés pourront demander à bénéficier d'une **formation** de **perfectionnement** en **anglais**. Ceux dont le poste conduit à utiliser fréquemment l'anglais sont assurés de bénéficier d'un ou plusieurs modules de formation (30 heures), aprés évaluation par un organisme externe de leur niveau de connaissance de la langue. L'entreprise s'engage par ailleurs à dispenser toutes ses **formations** en **français**, sauf dans l'hypothèse où la formation serait destinée à un public international (cadres supérieurs et/ou managers). Dans ce dernier cas, un **coformateur francophone** ainsi que des supports de cours en français devront accompagner la formation. [...]. L'accord est **conclu** pour **cinq ans**. En l'absence de dénonciation à l'issue de ce délai, l'accord sera prolongé pour une durée indéterminée.

Liaisons Sociales Quotidien, 5 mars 2008

1. Quelle est la différence entre un accord collectif et une convention collective ?
2. À quel niveau l'accord collectif de General Electric Medical Systems s'est-il négocié ?
3. Sur quel sujet la négociation portait-elle ?
4. Qui a signé cet accord et à qui va-t-il s'appliquer ?
5. Pourquoi l'entreprise a-t-elle négocié un tel accord ?

DOCUMENT 5

L'UTP nourrit le dialogue social

Obtenir de sociétés de transports urbains la création d'une taxe de 0,1 % de la masse salariale pour financer le dialogue social, voilà le tour de force, passé inaperçu, réussi par l'Union des transports publics (UTP). L'accord sur le développement du dialogue social, la prévention des conflits et la construction du service public, approuvé en janvier par la CFDT, la CFTC, l'UNSA et la CFE-CGC, va permettre de débloquer 1 million d'euros pour donner des moyens aux syndicats de la branche. Une manne gérée par un organisme paritaire *ad hoc*, l'Agefodia.

Parallèlement, un observatoire du dialogue social a été mis en place en septembre pour suivre la politique contractuelle et la conflictualité dans ce secteur, qui emploie 45 000 salariés.

Liaisons sociales, hors-série, 2008

Métro parisien, rame de la ligne 14

1. À quel niveau l'accord s'est-il négocié et avec quels partenaires sociaux ?
2. Que prévoit cet accord et pourquoi peut-on dire qu'il va améliorer le dialogue social ?
3. À qui va-t-il s'appliquer ?

DOCUMENT 6

Stress au travail, il est urgent d'agir

La majorité des salariés se sentent stressés au travail. Pour certains, le stress est même la source d'une souffrance extrême. Les partenaires sociaux puis les pouvoirs publics se sont saisis de la question afin de stopper l'hémorragie du stress en milieu professionnel. (…)

Obligation de négocier pour les entreprises de plus de 1 000 salariés

Dans le cadre du plan d'urgence pour la prévention du stress au travail présenté le 9 octobre 2009, le ministre du Travail, Xavier Darcos, a demandé aux entreprises de plus de 1 000 salariés d'engager des négociations sur le sujet **avant le 1er février 2010.**

L'objectif est de décliner les dispositions de l'ANI (accord national interprofessionnel) du 2 juillet 2008.

À défaut d'avoir conclu un accord à cette date, l'entreprise doit avoir réalisé, **au minimum, un diagnostic et un plan d'action.**

La Direction générale du travail a indiqué que, le délai imparti étant restreint, il importait de rechercher les voies d'un engagement durable et partagé dans la prévention des risques psychosociaux et la promotion du bien-être au travail. En fonction de la maturité du sujet dans l'entreprise, employeurs et organisations syndicales étaient libres de conclure un accord sur le fond ou seulement un accord de méthode sur le traitement de la question des risques psychosociaux, et ce avant le 1er février.

(…) Au vu des résultats de ces négociations, les pouvoirs publics pourraient infliger une pénalité aux entreprises récalcitrantes et, éventuellement, abaisser le seuil de 1 000 salariés.

(…)

Social pratique, n° 541, 25 février 2010

Négociation sur le stress au travail, les premiers résultats

Les entreprises de plus de 1 000 salariés avaient jusqu'au 1er février pour négocier un accord transposant l'ANI du 2 juillet 2008 sur le stress au travail. La menace était, pour celles ne jouant pas le jeu, de se voir dénoncées sur les sites Internet du ministère du Travail. Les premiers résultats ont été diffusés le 18 février 2010 : 33 % des entreprises (classées en vert) avaient à cette date déclaré avoir signé un accord ou engagé un plan d'action ; 55 % (classées en orange) avaient engagé des discussions avec les représentants du personnel ; enfin, environ 600 entreprises (classées en rouge) ne s'étaient pas manifestées ou avaient répondu négativement au questionnaire du ministère. (…)

Social pratique, n° 543, 25 mars 2010

1. De quelle manière la négociation collective intervient-elle pour lutter contre le stress au travail ?
2. Comment les pouvoirs publics ont-ils incité les entreprises à transposer l'ANI sur le stress au travail et quelle sanction a-t-elle été appliquée aux entreprises récalcitrantes ?

III. LES ENJEUX ET LES CONSÉQUENCES DE LA NÉGOCIATION COLLECTIVE

DOCUMENT 7

Les incertitudes d'un dialogue social « sur mesure »

Le projet de loi « en faveur des revenus du travail », en cours de discussion devant le Parlement, n'a pas pour seul objectif de vouloir augmenter le pouvoir d'achat des salariés, grâce au développement de l'intéressement et de la participation. Il vise aussi à contraindre toute entreprise à ouvrir une fois par an des négociations salariales sous peine de voir ses exonérations de cotisations sociales diminuées de 10 %. Une obligation qui existe déjà mais qui n'est pas respectée, estime le gouvernement, décidé à renforcer le dispositif. Cette nouvelle initiative confirme, en tout cas, sa volonté de placer l'entreprise au cœur des relations sociales. Depuis le vote de la loi du 20 août 2008 portant « rénovation de la démocratie sociale et réforme du temps de travail », syndicats et employeurs peuvent ainsi fixer eux-mêmes, par accord d'entreprise dérogatoire, le contingent d'heures supplémentaires, les modalités des conventions de forfait annuel en heures et en jours, etc. « À défaut », indique la loi, l'accord de branche s'applique. [...]

Cette loi est le dernier avatar d'une marche continue vers la décentralisation de la négociation sociale, lancée en 1982 par les lois Auroux qui autorisèrent des dérogations à la loi, mais aussi aux accords de branche, notamment en matière de modulation du temps de travail. « Une initiative qui a renforcé l'attractivité de la négociation d'entreprise » aux yeux des employeurs, estime Marie-Armelle Souriac, professeur de droit du travail à l'université Paris Ouest-Nanterre-La Défense. Alors que jusqu'en 1982, les dérogations ne pouvaient viser que des dispositions plus favorables aux salariés (c'est le principe dit « de faveur »), désormais « on ne se pose plus cette question », ajoute Mme Souriac. L'accord peut ne pas être plus favorable, voire être défavorable, mais sous certaines conditions. Depuis vingt-six ans, une avalanche de lois, votées sous la gauche comme sous la droite, desserre ainsi de plus en plus l'emprise de la loi et de la branche, au profit de l'entreprise, notamment sur le thème de l'aménagement du temps de travail (ATT). Ces textes s'inscrivent dans la volonté de faire du salarié un citoyen dans l'entreprise, la négociation se substituant au pouvoir unilatéral de l'employeur. [...]

Et le mouvement s'accélère. « Depuis 2003, une quinzaine de lois comportant des dispositions sur ce sujet ont été votées », calcule Michel Miné, professeur associé de droit du travail au Conservatoire national des arts et métiers (CNAM). « Au final, l'accord d'entreprise peut fixer l'ensemble des règles du jeu pour certaines dispositions d'ATT. » La loi Fillon du 4 mai 2004 sur le dialogue social va marquer un nouveau tournant : elle est la première à rendre autonome l'accord d'entreprise et à consacrer le renversement du « principe de faveur », provoquant de vives critiques de la part de juristes et de syndicats. Peu à peu, les branches perdent ainsi leur rôle historique dans le dialogue social et leur fonction régulatrice dans l'économie d'un secteur. « Ce recul de la branche, ce repli sur l'entreprise, posent un problème en termes de cohésion sociale et de clarté des règles », analyse Mme Souriac. Pour elle, l'ultime étape pourrait être « l'accord direct entre l'employeur et le salarié », le gré à gré déjà pratiqué dans certains pays, comme l'Australie et le Royaume-Uni. [...]

F. Aizicovici, *Le Monde*, 30 septembre 2008

Négociations entre patronat et syndicats

1. Présentez les principales évolutions de la négociation collective et leurs enjeux.
2. Pourquoi peut-on dire que les branches ont perdu leur rôle régulateur dans le dialogue social ?
3. Quelles sont les conséquences de la négociation collective sur le droit du travail ?

Analyse d'une situation juridique

COMPÉTENCE ATTENDUE
- Résoudre un cas en articulant diverses sources de droit et en tirer les conséquences.

Améliorer l'emploi des seniors

Mise en situation

Dans le contexte de crise actuel, favoriser l'emploi des seniors et augmenter leur taux d'activité est devenu une priorité. Vous êtes actuellement salarié(e) au siège social d'une grande banque dans le service des ressources humaines. Votre supérieur hiérarchique vous demande de mettre en évidence les obligations auxquelles votre entreprise devra répondre dans ce domaine.

TRAVAIL À FAIRE

Après étude des documents ci-dessous, il vous est demandé de présenter les points suivants.

1 Les obligations des entreprises en matière d'emploi des seniors.

2 Les objectifs de l'accord de branche signé par les banques.

3 Les différentes mesures qui doivent être mises en place au niveau de l'entreprise et au niveau de la branche pour répondre aux objectifs.

DOCUMENT 8

Emploi des seniors : les entreprises doivent vite mettre en place un plan d'action

À compter du 1er janvier 2010, les entreprises d'au moins 50 salariés qui ne seront couvertes ni par un accord ni par un plan d'action en faveur de l'emploi des seniors seront redevables d'une pénalité équivalente à 1 % des rémunérations. (…)

Ouvrier senior dans un atelier de montage de moteurs d'hélicoptères

Entreprises concernées

Au moins 50 salariés

La nouvelle pénalité venant sanctionner l'absence d'accord d'entreprise ou de groupe ou l'absence de plan d'action en faveur de l'emploi des seniors pourra concerner toutes les entreprises (y compris les établissements publics) :

– employant au moins 50 salariés ;

– ou appartenant à un groupe d'au moins 50 salariés [CSS, art. L. 138-24].

Néanmoins, les entreprises dont l'effectif est inférieur à 300 salariés ou qui appartiennent à un groupe de moins de 300 salariés qui n'ont ni négocié un accord ni élaboré un plan d'action en faveur de l'emploi des seniors ne seront pas soumises à la pénalité dès lors qu'elles sont couvertes par un accord de branche étendu respectant les conditions posées pour ces accords ou plans. (…)

Contenu de l'accord ou du plan d'action

L'accord d'entreprise ou de groupe portant sur l'emploi des salariés âgés ou, en l'absence d'un tel accord, le plan d'action élaboré après avis du comité d'entreprise ou, à défaut, des délégués du personnel, doivent avoir une durée maximale de **trois ans.**

Ils doivent comporter les éléments suivants [CSS, art. L. 138-25 et L. 138-26, al. 1er] :

• **un objectif chiffré :**

– de **maintien dans l'emploi** des salariés âgés **d'au moins 55 ans** ;

– et de **recrutement** de salariés âgés **d'au moins 50 ans** [CSS, art. R. 138-25 créé par n° 2009-560] ;

• des **dispositions favorables au maintien dans l'emploi et au recrutement des salariés âgés** portant sur au moins trois domaines d'action choisis parmi la liste suivante et auxquelles sont associés des indicateurs chiffrés :

– recrutement des salariés âgés dans l'entreprise ;

– anticipation de l'évolution des carrières professionnelles ;

– amélioration des conditions de travail et prévention des situations de pénibilité ;

– développement des compétences et des qualifications et accès à la formation ;

– aménagement des fins de carrière et de la transition entre activité et retraite ;

– transmission des savoirs et des compétences et développement du tutorat [CSS, art. R. 138-26 créé par n° 2009-560]. (…)

Social pratique, n° 526, 10 juin 2009

DOCUMENT 9

Les banques s'engagent en faveur de l'emploi des seniors

Trois fédérations syndicales CFDT, CFTC et CGT-FO ont ratifié l'accord sur la non-discrimination par l'âge et l'emploi des seniors soumis à signature par l'Association française des banques. À travers ce texte, la branche s'engage à faire progresser l'âge moyen des départs à la retraite à 60 ans en 2012. L'accord sur la non-discrimination par l'âge et l'emploi des seniors, ouvert à la signature par l'AFB, le 9 juillet 2008, est désormais ratifié par trois fédérations syndicales CFDT, CFTC et CGT-FO.

Cet accord, dont l'extension sera demandée, s'inscrit dans le cadre de l'accord interprofessionnel relatif à l'emploi des seniors du 13 octobre 2005. Il pérennise aussi des engagements pris par la branche dans des textes conventionnels antérieurs, notamment l'accord du 8 juillet 2005 sur la formation et l'accord du 29 mars 2005 sur la mise à la retraite. Les signataires indiquent que l'accord présente un « caractère normatif » vis-à-vis des entreprises et prévoient de se rencontrer « pour l'adapter aux nouvelles dispositions légales et réglementaires relatives à l'emploi des seniors ».

Lutte contre les discriminations

Les signataires affirment leur attachement au « principe intangible de non-discrimination du fait de l'âge », tant dans l'accès à l'emploi que dans l'évolution professionnelle. Ils soulignent que la diversité doit conduire à offrir les mêmes opportunités, à capacités égales, à tous les salariés de la banque, quel que soit leur âge.

- **Recrutement et mobilité :** les critères retenus doivent être fondés sur les compétences, l'expérience professionnelle et les qualifications des candidats, les critères d'âge étant proscrits des offres d'emploi diffusées en interne et en externe. Les signataires s'engagent par ailleurs à favoriser l'accès des seniors aux contrats de professionnalisation.

- **Promotion et rémunération :** les seniors peuvent avoir accès à tous les emplois, quel qu'en soit le niveau de responsabilité, « y compris les plus hautes ». La branche se dote d'un indicateur de suivi des taux de promotion des salariés de plus de 45 ans. S'agissant de la rémunération, les signataires engagent les entreprises à mener une politique qui ne soit pas discriminante par rapport à l'âge.

- **Formation professionnelle :** l'accès de tous les salariés à la formation, sans considération d'âge, doit être garanti. La branche veillera à privilégier l'accès des plus de 45 ans aux périodes de professionnalisation. L'accord engage aussi les banques à définir les modalités d'une anticipation par le salarié de plus de 50 ans de ses droits à DIF, pour compléter une formation déterminée au préalable avec son employeur.

Maintien dans l'emploi et fins de carrière

La branche s'engage à contribuer à développer l'emploi des seniors et « à faire progresser sensiblement l'âge moyen des départs à partir de 55 ans tous motifs confondus », qui se situait à 58,9 ans en 2007, à 60 ans au 31 décembre 2012, soit en moyenne une progression d'un trimestre par an à partir de 2009.

Les banques de plus de 300 salariés doivent proposer à leurs partenaires sociaux, lors des négociations d'entreprise, deux objectifs chiffrés complémentaires, portant, par exemple, sur le recrutement et la mobilité des seniors ou sur leur accès à la formation, ou encore sur la gestion anticipative des emplois et des compétences.

La gestion des fins de carrière repose sur un entretien de seconde partie de carrière à partir de 45 ans, au cours duquel la banque doit faire le point avec le salarié sur son évolution professionnelle, ses besoins de formation, un aménagement éventuel de ses conditions d'emploi et, à partir de 55 ans, sur toutes les « modalités d'aménagement de fin de carrière disponibles dans l'entreprise ».

L'entreprise doit, par ailleurs, mettre à la disposition des plus de 55 ans, des informations sur le GIP Info Retraite, qui propose un calcul de la retraite future.

Suivi de la gestion des âges

Un rapport annuel de branche sur l'emploi des seniors permettra de suivre les effets des mesures actives sur l'emploi des seniors. Il comportera des indicateurs portant sur trois exercices et regroupés en rubriques décrivant notamment l'évolution des effectifs par âge (et par sexe), le recours au temps partiel par classe d'âge, les embauches de seniors, leur accès aux promotions, aux formations (notamment le nombre et la durée des périodes de professionnalisation suivies par des personnes de plus de 45 ans).

Un dernier indicateur porte sur les départs, par famille de métiers et catégories professionnelles, et la ventilation des fins d'activité professionnelle par famille de métiers. Au niveau de l'entreprise, à l'occasion de la consultation sur le bilan social, l'examen de l'évolution de l'emploi des seniors s'appuiera sur les indicateurs choisis par la branche, éventuellement complétés.

Liaisons sociales Quotidien, 26 septembre 2008

La réorganisation de la société T.

Mise en situation

La société T., PME de 560 salariés dont le siège est à Paris, connaît de sérieuses difficultés économiques rendant nécessaire la réorganisation de l'entreprise, et notamment la mutation des 12 salariés du service commercial à Lyon.
Dans ce cadre, M. G., salarié de l'entreprise depuis cinq ans et dont le contrat de travail contient une clause de mobilité, apprend, lors d'un entretien avec son employeur, qu'il est muté de Paris, lieu habituel de son travail, à Lyon. Il devra prendre ses nouvelles fonctions dans six mois.
L'entreprise T. regrette que tous les salariés ne soient pas soumis à une clause de mobilité les obligeant à accepter d'aller à Lyon. Elle envisage donc de conclure un accord collectif d'entreprise permettant de soumettre, tous les futurs salariés à une clause de mobilité.
En attendant, elle va devoir licencier pour motif économique huit salariés qui refusent cette mutation. De nombreux collègues de M. G. sont en colère. Ils se plaignent de n'avoir bénéficié d'aucune formation depuis leur arrivée dans l'entreprise. Ils estiment que s'ils avaient pu bénéficier de formations, leur risque d'être licenciés aujourd'hui eût été moindre.

TRAVAIL À FAIRE

M. G. est inquiet. Ayant eu connaissance de vos compétences en droit du travail, il vous demande conseil. Répondez, à l'aide de vos connaissances et des annexes ci-dessous, aux questions qu'il vous pose à propos de sa situation personnelle et de celle de l'ensemble des collaborateurs de l'entreprise.

1 La clause de mobilité insérée dans le contrat de M. G. est-elle valable ? Justifiez votre réponse.

2 M. G. peut-il alors refuser la mutation ? Pourquoi ?

3 Dans le cas où il la refuserait, que risque-t-il ?

4 L'entreprise T. aura-t-elle respecté ses obligations légales relatives à l'adaptation des salariés à leur poste de travail, si elle justifie avoir tout fait pour tenter de reclasser ceux qu'elle licenciera pour motif économique ?

5 Déterminez qui est habilité à négocier l'accord d'entreprise souhaité par la direction et qui doit signer l'accord pour que celui-ci soit valable. Justifiez votre réponse.

- **Document 1 : Extraits du Code du travail**
- **Document 2 : Le changement du lieu de travail**
- **Document 3 : Extrait du contrat de travail de M. G.**
- **Document 4 : Arrêt de la chambre sociale de la Cour de cassation du 12 juillet 2006**
- **Document 5 : Arrêt de la chambre sociale de la Cour de cassation du 23 octobre 2007**
- **Document 6 : Présence syndicale dans l'entreprise : la nouvelle donne**
- **Document 7 : Résultats des élections au comité d'entreprise dans la société T.**

DOCUMENT 1

Extraits du Code du travail

Dans le cadre des règles relatives à la rupture du contrat de travail, et plus spécifiquement des règles relatives au licenciement pour motif économique.

Article L. 1233-3. – Constitue un licenciement pour motif économique le licenciement effectué par un employeur pour un ou plusieurs motifs non inhérents à la personne du salarié résultant d'une suppression ou transformation de l'emploi ou d'une modification, refusée par le salarié, d'un élément essentiel du contrat de travail, consécutives notamment à des difficultés économiques ou à des mutations technologiques. [...]

Article L. 1233-4. – Le licenciement pour motif économique d'un salarié ne peut intervenir que lorsque tous les efforts de formation et d'adaptation ont été réalisés et que le reclassement de l'intéressé sur un emploi [...] ne peut être réalisé dans le cadre de l'entreprise ou dans les entreprises du groupe auquel l'entreprise appartient.

Dans le cadre des règles relatives à la formation professionnelle continue.

Article L. 6321-1. – L'employeur assure l'adaptation des salariés à leur poste de travail. Il veille au maintien de leur capacité à occuper un emploi, au regard notamment de l'évolution des emplois, des technologies et des organisations. [...]

DOCUMENT 2

Le changement du lieu de travail

[...] La chambre sociale qui contrôle la qualification pratiquée par les juges du fond, se prononce au coup par coup à propos du changement litigieux, au mieux à propos d'un type de changement, pour dire s'il s'agit d'une modification du contrat ou d'un simple changement des conditions de travail. [...]

La qualification du changement du lieu de travail était avant et demeure après 1996, la plus imprévisible. Relativement moins peut-être. Pour la Cour de cassation, ce changement « doit être apprécié de manière objective » et elle a introduit, à cet effet, le critère du « secteur géographique » : la mutation ne touche qu'aux conditions de travail et relève du pouvoir de l'employeur lorsqu'elle intervient dans le même secteur géographique, mais vaut modification du contrat lorsque le nouveau lieu de travail se situe dans un autre secteur.

J. Pélissier, A. Supiot, A. Jeammaud, *Droit du travail*, Éditions Eyrolles, édition 2008

DOCUMENT 3

Extrait du contrat de travail de M. G.

16 – Mobilité

En raison de l'évolution de l'organisation de l'entreprise, afin de garantir son bon fonctionnement, la société se réserve la possibilité de modifier tant l'établissement que le bureau de rattachement de M. G.

M. G disposera d'un délai de quatre mois pour rejoindre sa nouvelle affectation.

Le refus de M. G de rejoindre son nouveau poste s'analyserait en une inexécution de ses obligations contractuelles pouvant légitimer son licenciement pour faute.

Foucher

DOCUMENT 4

Arrêt de la chambre sociale de la Cour de cassation du 12 juillet 2006

Sur le moyen unique, pris en sa troisième branche, qui est recevable comme de pur droit :

Vu les articles L. 122-6, L. 122-8, L. 122-9 du Code du travail et 1134 du Code civil ;

Attendu que Mme X... a été engagée en mars 1996 par la société Groupama en qualité de chargée de clientèle polyvalente, son contrat de travail prévoyant qu'elle exercerait son activité à l'agence de Folelli (Corse), et serait rattachée à l'établissement d'Ajaccio, mais que « les évolutions dans l'organisation de l'entreprise pourront amener cette dernière à modifier tant l'établissement que le bureau de rattachement » ;

que la salariée a bénéficié d'un congé sabbatique du 1er janvier 2001 au 31 mai 2002 ; qu'ayant refusé à l'issue de ce congé d'être mutée à l'agence de Corte (Corse), elle a été licenciée pour faute grave le 6 août 2002, motif pris de son « refus de mobilité géographique prévue par le contrat de travail » ; que la salariée a saisi la juridiction prud'homale ;

Attendu que, pour juger que le licenciement de la salariée reposait sur une faute grave et débouter celle-ci de ses demandes en paiement d'indemnités, l'arrêt retient que l'emploi précédemment occupé par la salariée n'était plus disponible à l'issue de son congé sabbatique, qu'il lui a été proposé, de manière régulière, un emploi similaire conformément à la clause de mobilité stipulée au contrat de travail et que le refus de l'intéressée est injustifié ;

Attendu, cependant, qu'une clause de mobilité doit définir de façon précise sa zone géographique d'application ;

Qu'en statuant comme elle l'a fait, la cour d'appel a violé les textes susvisés ;

PAR CES MOTIFS, et sans qu'il soit nécessaire de statuer sur les autres branches du moyen :

CASSE ET ANNULE, dans toutes ses dispositions, l'arrêt rendu le 11 mai 2004, entre les parties, par la cour d'appel de Bastia ; remet, en conséquence, la cause et les parties dans l'état où elles se trouvaient avant ledit arrêt et, pour être fait droit, les renvoie devant la cour d'appel de Bastia, autrement composée ;

Condamne la société Groupama aux dépens ;

Vu l'article 700 du nouveau code de procédure civile, la condamne à payer à Mme X... la somme de 2 500 euros ;

Dit que sur les diligences du procureur général près la Cour de cassation, le présent arrêt sera transmis pour être transcrit en marge ou à la suite de l'arrêt cassé ;

Ainsi fait et jugé par la Cour de cassation, chambre sociale, et prononcé par le président en son audience publique du douze juillet deux mille six.

DOCUMENT 5

Arrêt de la chambre sociale de la Cour de cassation du 23 octobre 2007

Attendu que Mmes X... et Y..., salariées du syndicat l'Union des opticiens, ont été licenciées pour motif économique par lettre du 10 décembre 2001 ;

Sur le premier moyen :

Attendu qu'il n'y a pas lieu de statuer sur ce moyen qui ne serait pas de nature à permettre l'admission du pourvoi ;

Sur le second moyen :

Attendu qu'il est fait grief à l'arrêt d'avoir condamné l'Union des opticiens à verser des dommages-intérêts pour violation de l'obligation de formation à Mmes X... et Y..., alors, selon le moyen, que la formation professionnelle est, selon l'article L. 900-2 du Code du travail, une « obligation nationale » et selon l'article 9 b de la convention collective nationale de l'optique-lunetterie de détail une « obligation pour la profession » qui ne pèse donc pas directement sur l'employeur ; qu'en condamnant en l'espèce l'employeur à payer des dommages-intérêts à raison du manquement à une obligation de formation, sans dire en quoi il aurait omis de respecter un quelconque devoir de formation qui lui aurait précisément incombé – autre que l'obligation d'assurer l'adaptation des salariés à l'évolution de leur emploi déjà sanctionné par le biais des dommages-intérêts accordés pour licenciement sans cause réelle et sérieuse –, la cour d'appel a privé sa décision de base légale au regard de l'article 1147 du Code civil ;

Mais attendu que la cour d'appel a constaté que les salariées, présentes dans l'entreprise depuis respectivement 24 et 12 ans, n'avaient bénéficié que d'un stage de formation continue de trois jours en 1999 ; qu'elle a pu en déduire qu'au regard de l'obligation pour l'employeur d'assurer l'adaptation des salariées à leur poste de travail et de veiller au maintien de leur capacité à occuper un emploi, ces constatations établissaient un manquement de l'employeur dans l'exécution du contrat de travail entraînant un préjudice distinct de celui résultant de sa rupture ; que le moyen n'est pas fondé ;

PAR CES MOTIFS :

REJETTE le pourvoi ;

Condamne le syndicat professionnel l'Union des opticiens aux dépens ;

Vu l'article 700 du Nouveau Code de procédure civile, le condamne à payer à Mmes X... et Y... la somme globale de 2 500 euros ;

Ainsi fait et jugé par la Cour de cassation, chambre sociale, et prononcé par le président en son audience publique du vingt-trois octobre deux mille sept.

DOCUMENT 6

Présence syndicale dans l'entreprise : la nouvelle donne

Délégué syndical

Nouvelles conditions de désignation

Pour pouvoir désigner un ou plusieurs délégués syndicaux (DS) dans l'entreprise, l'organisation syndicale devra dorénavant avoir démontré sa représentativité selon les nouveaux critères, et donc notamment avoir réalisé un score d'au moins 10 % aux dernières élections professionnelles […]

Dans les entreprises d'au moins 50 salariés, le ou les salariés désignés devront être choisis parmi les candidats aux élections professionnelles qui ont recueilli au moins 10 % des suffrages exprimés au premier tour des dernières élections au comité d'entreprise (CE) ou de la délégation unique du personnel (DUP) ou des délégués du personnel (DP), quel que soit le nombre de votants. S'il ne reste, dans l'entreprise ou l'établissement, plus aucun candidat aux élections professionnelles qui remplisse cette condition, une OS représentative pourra désigner un DS parmi les autres candidats ou, à défaut, parmi ses adhérents au sein de l'entreprise ou de l'établissement [C. trav., art. L. 2143-3 modifié par n° 2008-789].

Dans les établissements de moins de 50 salariés, comme auparavant, les syndicats pourront désigner, pour la durée de son mandat, un délégué du personnel comme délégué syndical. Mais ils devront pour cela avoir prouvé leur représentativité selon les nouveaux critères [C. trav., art. L. 2143-6 modifié par n° 2008-789]. Comme aujourd'hui, ce DP désigné DS ne bénéficiera d'aucun crédit d'heures supplémentaire et devra exercer sa mission grâce aux moyens dont il dispose en tant que DP.

Social pratique, n° 507 du 10 septembre 2008

DOCUMENT 7

Résultats des élections au comité d'entreprise dans la société T.

Les résultats des dernières élections professionnelles au comité d'entreprise dans l'entreprise T sont les suivants.

Syndicats	Pourcentage des suffrages exprimés
Syndicat X	48 %
Syndicat Y	45 %
Syndicat Z	7 %

LE CHOIX D'UNE STRUCTURE JURIDIQUE

8

COMPÉTENCES ATTENDUES

- Identifier les motivations du ou des créateur(s).
- Justifier le choix d'une structure adaptée à une situation donnée.

Une multitude de structures

SOCIÉTÉ

« La société est instituée par deux ou plusieurs personnes qui conviennent par un contrat d'affecter à une entreprise commune des biens ou leur industrie en vue de partager le bénéfice ou de profiter de l'économie qui pourra en résulter [...] Les associés s'engagent à contribuer aux pertes. »

Article 1382 du Code civil

SOCIÉTÉS COMMERCIALES

SNC : société en nom collectif
SARL : société à responsabilité limitée
SA : société anonyme
SAS : société par actions simplifiée
SE : société européenne

SOCIÉTÉS CIVILES

SCI : société civile immobilière
SC agricoles : EARL, GAEC
SCP : société civile professionnelle
SCM : société civile de moyens
SEL : société d'exercice libéral

GIE

Un **groupement d'intérêt économique** est un groupement doté de la personnalité morale qui permet à ses membres de mettre en commun certains moyens afin de faciliter ou de développer leur activité, ou d'améliorer ou d'accroître les résultats de cette activité et cela tout en conservant leur individualité.

COOPÉRATIVE

« Une association autonome de personnes volontairement réunies pour satisfaire leurs aspirations et besoins économiques, sociaux et culturels communs au moyen d'une entreprise dont la propriété est collective et où le pouvoir est exercé démocratiquement. »

Définition de l'Alliance coopérative internationale

ENTREPRISE INDIVIDUELLE

Entreprise qui n'a pas de personnalité morale.
Autoentrepreneur
EIRL : Entreprise individuelle à responsabilité limitée

EURL

L'entreprise unipersonnelle à responsabilité limitée jouit d'un statut similaire à celui de la SARL. Mais il suffit d'une seule personne pour la constituer.

ASSOCIATION

« L'association est la convention par laquelle deux ou plusieurs personnes mettent en commun d'une façon permanente leurs connaissances ou leur activité dans un but autre que de partager les bénéfices. »

Article 1er, loi du 1er juillet 1901

1. Quel est le point commun entre toutes ces structures ?
2. Quel critère permet d'opérer une classification essentielle pour ces organisations ?

Sommaire

I. L'INCIDENCE DES MOTIVATIONS PATRIMONIALES

1 Les finalités de l'organisation

DOCUMENT 1

Association et recherche d'un but lucratif ?

[…] Les organismes exerçant des activités lucratives doivent être, selon l'Administration, soumis aux impôts commerciaux afin de garantir le respect du principe d'égalité devant les charges publiques et d'éviter les distorsions de concurrence.

Pour l'administration fiscale, être une association non lucrative signifie :

– avoir une gestion désintéressée (gestion assurée par des bénévoles qui n'ont aucun intérêt sur les résultats de l'activité) ;

– avoir une activité non concurrentielle. Si le public peut s'adresser indifféremment à une association ou à une entreprise pour obtenir un service ou un bien, l'activité est concurrentielle ;

– avoir des salariés dont la rémunération n'excède pas 75 % du Smic. […]

Quatre critères permettent d'apprécier le caractère « non concurrentiel de l'activité ».

• **Le produit :** pour que l'association puisse justifier du caractère non lucratif de son activité, il lui faut démontrer qu'elle répond à des besoins non pris en compte, ou de manière insuffisante, par le marché.

• **Le public :** l'association dont l'activité est non lucrative réalise des actes payants au profit de personnes justifiant l'octroi d'avantages particuliers au vu de leur situation économique et sociale (notamment chômeurs, personnes handicapées).

• **Le prix :** pour se différencier de l'entreprise, l'association doit pratiquer des tarifs nettement inférieurs pour des services de nature similaire.[…]

• **La publicité :** une association peut communiquer ou informer. En revanche, le recours à la publicité est un indice de lucrativité. Il en est ainsi de la diffusion de messages publicitaires payants (dans la presse écrite, à la radio, par voie d'affichage sur des panneaux publicitaires, etc.). À l'inverse, une association peut présenter ses prestations dans un catalogue diffusé aux personnes qui ont déjà bénéficié de ses prestations ou par l'intermédiaire d'organismes sociaux.

D'après www.associatis.com

1 Pourquoi la frontière entre « association » et « entreprise » est-elle parfois floue ?

2 Quels critères sont retenus par l'administration fiscale pour caractériser la « non-lucrativité » ?

2 Le niveau de protection recherché

DOCUMENT 2

Vers une meilleure protection de l'entrepreneur individuel

La loi pour l'initiative économique d'août 2003 a institué le principe de l'insaisissabilité de la résidence principale de l'entrepreneur individuel. Elle permet à une personne physique exerçant une activité commerciale, artisanale, agricole ou indépendante, de déclarer devant notaire ses droits sur sa résidence principale insaisissables, ce qui la met à l'abri des poursuites de créanciers professionnels en cas de difficultés.

Dorénavant, avec la loi de modernisation de l'économie du 4 août 2008, tous ses biens fonciers, bâtis ou non, sont protégés s'ils ne sont pas affectés à un usage professionnel.

L'entrepreneur individuel peut renoncer à tout moment à l'insaisissabilité de ses biens immobiliers selon les mêmes formes, c'est-à-dire devant notaire.

Cette renonciation peut n'être que partielle (porter sur une partie seulement des biens) ou être faite au bénéfice d'un ou de plusieurs créanciers désignés dans l'acte authentique de renonciation, ce qui facilite l'accès au crédit, en offrant des possibilités de gage aux établissements financiers.

En cas de décès, l'insaisissabilité du bien protégé est maintenue jusqu'au décès du conjoint.

pme.service-public.fr

Quelle(s) différence(s) existe(nt) encore entre l'entreprise individuelle et l'EURL en matière de protection du patrimoine ?

DOCUMENT 3

EIRL : protection du patrimoine personnel des entrepreneurs

À partir du 1er janvier 2011, les entrepreneurs individuels, déjà en exercice ou lors de la création de leur activité, peuvent choisir le nouveau statut d'entrepreneur individuel à responsabilité limitée (EIRL), qui distingue le patrimoine professionnel du patrimoine personnel.

Ce nouveau dispositif s'adresse à tout entrepreneur en nom propre : autoentrepreneur, commerçant, artisan, etc. Il lui permet de protéger son patrimoine personnel en cas de faillite, en affectant à son activité professionnelle un patrimoine séparé de son patrimoine personnel, sans avoir à créer une société. Est ainsi mis fin à la situation où les entrepreneurs individuels devaient répondre de leurs dettes professionnelles sur la totalité de leur patrimoine.

Un entrepreneur exerçant plusieurs activités distinctes pourra même constituer un patrimoine d'affectation pour chacune d'elles (régime de pluralité de patrimoines affectés), à partir du 1er janvier 2013.

pme.service-public.fr

Qu'apporte ce nouveau statut aux entrepreneurs individuels ?

DOCUMENT 4

La société, protection du patrimoine personnel : mythe ou réalité ?

	Associés	Capital social	Apports	Responsabilités
Entreprise individuelle	Aucun	Aucun	Aucun	– L'entrepreneur individuel est responsable indéfiniment des dettes de son entreprise.
SNC	Au moins 2, PP ou PM(1)	Aucun	– Numéraire – Nature – Industrie	– Les associés sont solidairement et indéfiniment responsables des dettes de la société. – Le gérant : responsabilité civile et/ou pénale pour les fautes commises dans l'exercice de ses fonctions (responsabilité pénale moins importante que celle de président de la SA ou SARL ; l'abus de biens sociaux n'est pas incriminé).
EURL	Un, PP ou PM	Libre	– Numéraire – Nature – Industrie	– L'associé unique : responsabilité limitée au montant de ses apports. – Le dirigeant (gérant ou président) : responsabilité civile et/ou pénale pour les fautes commises dans l'exercice de ses fonctions.
SASU	Un, PP ou PM	Libre	– Numéraire – Nature – En industrie	
SARL	2 à 100, PP ou PM	Libre Capital variable possible	– Numéraire – Nature – Industrie	– Les associés : responsabilité limitée au montant de leurs apports. – Les dirigeants : responsabilité civile et/ou pénale pour les fautes commises dans l'exercice de leurs fonctions.
SA	Au moins 7, PP ou PM	37 000 €	– Numéraire – Nature	
SAS	Au moins 2, PP ou PM	Libre	– Numéraire – Nature	

(1) Personne physique ou personne morale.

La constitution d'une société permet de limiter la responsabilité. Mais il y a le revers de la médaille : ce que l'on gagne en sécurité, on le perd en crédit. Les SARL, par exemple, risquent d'être gênées dans leurs opérations de financement. Notons également qu'en pratique, des garanties personnelles sont demandées aux associés par les banquiers avant d'octroyer des prêts.

Par ailleurs, les associés sont pendant 5 ans responsables solidairement à l'égard des tiers des apports en nature faits lors de la constitution de la société (on veut éviter que les créanciers ne soient trompés par une éventuelle surévaluation des apports en nature).

De plus, la responsabilité des dirigeants de fait ou de droit en cas de faute de gestion est totale et solidaire. À cet égard, le régime s'est amélioré depuis 1986 puisque la présomption de responsabilité n'existe plus. Désormais, ce sont les créanciers qui devront prouver une faute de gestion et non les dirigeants qui devront prouver qu'ils n'en ont pas commis.

1 La création d'une société est-elle préférable pour la protection du patrimoine personnel ?

2 Le principe de « responsabilité limitée » constitue-t-il toujours une protection efficace ?

DOCUMENT 5

Choisir le bon régime matrimonial

Lorsqu'un entrepreneur n'a pas pris la précaution d'établir un contrat de mariage, quelle est sa situation ?

Les époux sont soumis au régime légal de la « communauté réduite aux acquêts ». Dans ce régime, seuls les biens propres du conjoint de l'entrepreneur sont protégés, c'est-à-dire ceux qu'il a acquis avant le mariage ou ceux reçus depuis par donation ou succession. Tous les autres biens sont engagés : biens propres de l'entrepreneur et biens communs.

Y compris les salaires du conjoint ?

Oui, car les revenus du conjoint entrent dans la communauté, et cela, même s'ils sont versés sur un compte ouvert à son nom.

En cas de divorce, quelles sont les conséquences pour l'entreprise ?

Si l'entreprise a été créée avant le mariage, elle représente un bien propre de l'entrepreneur et n'entre pas en compte dans le partage des biens de la communauté. Par contre, si elle a été créée après le mariage, il s'agit alors d'un bien commun : l'époux a donc droit à la moitié de sa valeur. Si le couple ne dispose pas d'autres biens susceptibles de compenser la valeur de l'entreprise, la vente de cette dernière est souvent inévitable.

S'il s'agit d'une société, le conjoint peut-il exiger, en cas de divorce, de devenir personnellement associé ?

Oui, si les parts sociales ont été acquises avec des biens communs, le conjoint est effectivement en droit de devenir associé de la société à hauteur de la moitié des parts souscrites. […]

Quel est, selon vous, le meilleur régime matrimonial pour un créateur ?

Disons que le « moins mauvais » est, sans hésitation, celui de la séparation de biens, car l'entrepreneur est alors seul à prendre les risques. Rappelons que, dans ce régime, tous les biens (et dettes) sont propres : ceux acquis avant, mais aussi pendant le mariage. Si l'entreprise connaît des difficultés financières, les biens propres du conjoint sont préservés. […]

www.apce.com

Le régime du Pacs a été modifié depuis le 1er janvier 2007. Désormais, un régime de séparation des patrimoines s'applique de plein droit.
Chacun des partenaires reste donc propriétaire des biens qu'il acquiert avant, pendant et après la conclusion du Pacs.

1 Le choix du régime matrimonial n'est-il important que pour l'entrepreneur individuel ?

2 Les motivations patrimoniales constituent-elles le seul enjeu du choix d'un régime matrimonial ?

DOCUMENT 6

Un statut juridique pour une protection sociale

Un **rapport du Conseil des prélèvements obligatoires de mars 2008** indique que le statut de travailleur non salarié (TNS) n'est plus aussi défavorable qu'avant : si les cotisations restent moins élevées, depuis 2001 le taux des remboursements du régime d'assurance maladie sont identiques à ceux des salariés. Par ailleurs la protection peut être complétée par la souscription de contrats dits « Madelin », dont les primes sont déductibles du revenu imposable. Enfin, l'absence d'allocation chômage peut être compensée par la souscription d'une assurance.

Entreprise individuelle	EURL	SARL	SA	SASU
Régime des TNS	Gérant associé ↓ TNS	Gérant majoritaire ↓ TNS Gérant non associé, ou minoritaire, rémunéré ↓ Régime des salariés	PDG et directeur général ↓ Régime des salariés (hors Assedic)	Président associé ou non, rémunéré ↓ Régime général des salariés

Vers quel statut juridique un créateur d'entreprise disposant d'un apport personnel conséquent et peu désireux de s'associer sera-t-il naturellement attiré ?

II. LE POIDS DES CONTRAINTES ORGANISATIONNELLES

1 Les contraintes inhérentes à la création

DOCUMENT 7

Formalités de constitution

Pour une entreprise individuelle, les formalités sont très simples. Il suffit de remplir le formulaire de déclaration délivré par le centre de formalités des entreprises (CFE), accompagné de quelques pièces justificatives. L'entrepreneur reçoit, 15 jours à un mois plus tard, un extrait de registre du commerce (pour les entreprises commerciales), un extrait du répertoire des métiers (pour les artisans), ou un numéro Urssaf (pour les professions libérales). C'est tout : l'entreprise est « née » !

Les formalités sont plus nombreuses pour créer une société. Outre l'inscription au CFE, l'entrepreneur doit effectuer les démarches suivantes.

Réunir les fonds composant le capital social et les déposer auprès d'une banque, d'un notaire ou de la Caisse des dépôts et consignations. On vous remettra un récépissé de dépôt de fonds à présenter au CFE. Le compte sera bloqué jusqu'à ce que vous obteniez l'attestation qui prouve que votre société a bien été immatriculée ; il sera alors viré sur le compte courant de l'entreprise.

Faire publier l'annonce légale de la constitution de la société dans un journal d'annonces légales du département. […] Le journal vous remettra une attestation de publication future, à présenter au CFE. La publication d'une annonce légale coûte environ 152 euros.

Rédiger les statuts de la société et les faire enregistrer au centre des impôts dans un délai d'un mois après le dépôt du dossier au CFE. Si vous ne maîtrisez pas bien l'étendue de vos pouvoirs et de vos responsabilités en qualité de futur chef d'entreprise, il vaut peut-être mieux confier ce travail à un professionnel.

Faire coter et parapher les livres et registres obligatoires auprès du greffe du tribunal de commerce. La tenue de ces documents est obligatoire, même si votre comptabilité est informatisée.

www.studyrama-pro

1. Quelle est la formalité essentielle pour la création d'une entreprise ?
2. En matière de formalités de constitution, la simplicité est-elle le seul critère à retenir ?

DOCUMENT 8

Réunir un capital : la SARL à un euro constitue-t-elle un progrès ?

L'avantage apparent de la création d'une société « sans capital » ne s'avère être qu'une source de difficultés supplémentaires pour l'entreprise et ses associés.

– Le capital social représente, dans la mesure où les associés ne sont responsables que de leurs apports, le montant maximal qu'un associé engage dans l'entreprise. Avec un capital à un euro, cela signifie que les associés ne sont prêts à prendre un risque financier qu'à hauteur d'un euro. Cela n'est pas de nature à encourager les tiers contractants (fournisseurs, etc.).

– Les banques raisonnent en termes de partage de risque entre les associés et les établissements financiers. Un capital à un euro ne permettra pas d'obtenir un prêt ou un financement à court terme, sans que la banque ne bénéficie d'une solide garantie sur les fonds prêtés.

– L'incapacité de la société dès sa création de faire face à ses dépenses les plus basiques avec son capital, à commencer par le simple paiement des formalités nécessaires à sa création.

La réduction du capital à un euro donne l'impression d'une grande facilité pour lancer une activité. Or beaucoup de créateurs vont connaître des désillusions : la nécessité de faire des apports en compte courant pour les besoins de la société, les demandes des tiers qui seront plus nombreuses sur les dépôts de garantie ou des cautions personnelles des dirigeants et associés.

Thierry Duval, www.netpme.fr

1. Quels sont les principaux inconvénients de la création d'une société « sans capital » ?
2. Les problèmes sont-ils plus ou moins importants que pour la création d'une entreprise individuelle ?

2 Les modalités d'exercice du pouvoir

DOCUMENT 9

La prise de décisions dans les entreprises

Dans l'entreprise individuelle, l'entrepreneur est « seul maître à bord ». Il prend seul toutes les décisions et n'a pas à partager les bénéfices. Il n'en va pas de même lorsque des associés créent une société.

	SNC	SARL	SA	SAS
Organes de direction	Gérant + assemblée [1]	Gérant + assemblée [1]	Conseil d'adminisatration avec président et/ou directeur général + assemblée [1] Directoire avec président + conseil de surveillance + assemblée [1]	Président + Assemblée [1] Les statuts ont toute liberté pour prévoir d'autres organes (conseil d'administration, conseil de surveillance, comité stratégique, conseil consultatif, comité des rémunérations, etc.)
Droits financiers (droits au bénéfice)	(décision statutaire) En principe : proportionnels à la part du capital détenue	Proportionnels à la part du capital détenue	Proportionnels à la part de capital détenue (sauf actions à dividende prioritaire sans droit de vote et actions privilégiées)	Possibilité de créer des actions privilégiées (bénéficiant de droits financiers accrus)
Droits politiques (droits de vote)	En principe 1 associé = 1 voix (mais les statuts peuvent prévoir une répartition en fonction du nombre de parts d'intérêt)	Proportionnels à la part du capital détenue	Proportionnels à la part du capital détenue (sauf actions à droit de vote double et actions à dividende prioritaire sans droit de vote)	Possibilité de créer des actions privilégiées (bénéficiant de droits de vote multiples)

(1) Assemblée des associés ou actionnaires dans la SA.

1 Quelle différence y a-t-il, en matière de prise de décisions, entre les organes de direction et les assemblées ?

2 Quelles possibilités s'offrent à des créateurs qui veulent garder le contrôle mais n'ont pas suffisamment de capitaux ?

DOCUMENT 10

La SAS ou l'attrait de la liberté contractuelle

La **société par actions simplifiée** (SAS) est une forme sociale créée en 1994, en vue de permettre aux groupes de sociétés d'établir plus facilement des relations de coopération en facilitant la création de filiales communes.

Une loi du 12 juillet 1999 a profondément transformé cette structure en instituant notamment la SASU – SAS avec un associé unique, personne morale ou personne physique.

La SAS offre de nombreux avantages pour le créateur d'entreprise : pas de nombre maximal d'actionnaires ; grande souplesse de fonctionnement (liberté de rédaction des statuts) ; responsabilité des actionnaires limitée. Les statuts définissent ainsi librement les règles de répartition des bénéfices, l'organisation du pouvoir (modes de consultation des associés, de même que les règles de calcul des majorités appliquées aux décisions collectives). L'ensemble des avantages mentionnés facilite le partenariat et attire les investisseurs.

Pourtant, la SAS présente quelques inconvénients : impossibilité de faire appel public à l'épargne ; nécessité de définir rigoureusement les règles de fonctionnement de la société (pour éviter d'éventuels litiges) ; obligation de nommer un commissaire aux comptes.

Au 1er janvier 2006, il y avait plus de 94 000 SAS : ce statut semble rencontrer, compte tenu de la liberté laissée aux associés dans la rédaction des statuts, un certain succès. Leur nombre a maintenant dépassé celui des SA.

1 Quelle(s) sont les principale(s) raisons du succès de la SAS ?

2 Comparez : SAS-SASU / SARL-EURL.

Analyse d'une situation juridique

COMPÉTENCE ATTENDUE
- Justifier le choix d'une structure adaptée à une situation donnée.

Entreprendre avec un but lucratif

Mise en situation

Vous travaillez à la Chambre de commerce et d'industrie de votre ville, dans le service « Information & conseil aux entreprises ».
Vous êtes spécialisé dans l'accueil des créateurs d'entreprise.

TRAVAIL À FAIRE

Vous recevez chaque jour plusieurs porteurs de projets en quête de conseils pour choisir leur statut juridique. Afin de répondre plus efficacement à leurs demandes, vous décidez de créer un outil d'aide à l'information. Vous le testerez lors de vos prochains entretiens.

1 À l'aide des documents 12 à 15, concevoir une grille d'analyse utilisable pour aider un entrepreneur à choisir le statut juridique le plus adapté à sa situation personnelle et à son projet (*on se limitera aux entrepreneurs ayant un but lucratif*).

2 En utilisant la grille, proposer le ou les statuts les plus appropriés à chacun des cas d'espèce qui vous aurez à traiter prochainement (document 11).

DOCUMENT 11

Des projets plein la tête !

A. et B. sont deux amis qui désirent créer ensemble une entreprise de location de voitures pour les entreprises. Ils ont réuni 50 000 euros. Ils veulent garder la maîtrise de l'orientation stratégique de leur entreprise, tout en se ménageant des possibilités de croissance par l'entrée de nouveaux arrivants dans le capital.

C. vient de terminer ses études. Elle est célibataire et envisage de se lancer dans la traduction et l'interprétariat. Elle ne souhaite pas être salariée, afin de pouvoir travailler pour des partenaires différents. Elle ne dispose pas de capitaux personnels.

D., passionné par la cuisine et fort d'une expérience de dix ans dans divers grands restaurants parisiens, souhaite se mettre à son compte et ouvrir un restaurant. Il est marié et a deux jeunes enfants. Son épouse est fonctionnaire et ne souhaite pas quitter son emploi. D. dispose d'un capital assez important pour procéder aux investissements nécessaires avec le concours de sa banque. Il envisage d'embaucher dès le départ quatre personnes.

E. vient d'être licencié, et il veut rebondir en créant un petit commerce de produits biologiques. Il a 45 ans et un patrimoine personnel constitué entre autres d'une résidence principale et d'une résidence secondaire et de quelques placements financiers. Il a par ailleurs touché une indemnité de licenciement qui devrait lui permettre de réaliser les premiers investissements.

F. vient de déposer un brevet. Il envisage de créer une entreprise industrielle pour la production de certains composants chimiques. Les investissements sont lourds, mais l'étude de marché très encourageante. F. est surtout intéressé par la partie technique du travail ; il n'est pas sûr d'avoir les compétences nécessaires pour gérer l'entreprise et son développement.

DOCUMENT 12

La société en nom collectif

C'est la société type prévue par le Code de commerce de 1807 et permettant aux commerçants de s'unir, de s'associer. Ce type de société commerciale convient aux associés en petit nombre s'impliquant activement dans la société.

En 2006, il y avait près de 40 000 SNC, ce qui représente un faible pourcentage sur l'ensemble des sociétés commerciales.

Droit des affaires, B. Hees-Fallon, A. Simon, Éditions Sirey, 2009

	Éléments de choix
Positifs	– Liberté contractuelle (prééminence des statuts). – Formalités de création légères. – Discrétion, aucune obligation de déposer les comptes sociaux au greffe du tribunal de commerce. – Confiance des créanciers.
Négatifs	– Responsabilité indéfinie et solidaire. – Risque pour un associé de se retrouver prisonnier (en raison de l'incessibilité des parts).

DOCUMENT 13

La société à responsabilité limitée

	Éléments de choix
Positifs	– Pas de capital minimal exigé. – Formalités de création et de fonctionnement simples. – Responsabilité des associés limitée au montant des apports. – Pour le gérant minoritaire : statut social et fiscal des salariés.
Négatifs	– Inspire peut-être moins confiance aux créanciers. – Ne peut faire appel public à l'épargne.

DOCUMENT 14

Quelle forme juridique choisir ?

Entreprise en nom propre

Votre investissement de départ est faible (quelques milliers d'euros) et vous démarrez sans salarié : optez pour l'entreprise en nom propre.

Les formalités de constitution sont très simples et aucun capital n'est requis.

Son principal inconvénient est de ne pas protéger le patrimoine personnel du dirigeant ce qui n'est pas très important pour les activités qui génèrent peu de passif.

SARL - EURL

Vous devez procéder à des investissements souvent lourds et embaucher du personnel : optez pour la SARL.

Vous mettez ainsi votre patrimoine à l'abri. Cette protection peut sembler illusoire quand l'investissement est financé par l'emprunt, puisque les banques demandent des cautions personnelles. Mais, en cas de dépôt de bilan, vous serez soulagé de ne pas régler sur vos deniers personnels les dettes laissées auprès de vos fournisseurs, de votre bailleur, de l'Urssaf, du fisc…

SA

Si votre création d'entreprise exige des capitaux importants, des compétences diversifiées et si vous souhaitez bénéficier à coup sûr du statut de salarié en tant que dirigeant, optez pour la société anonyme.

En société anonyme, tout comme en SARL, vous n'êtes responsable du passif social qu'à concurrence de l'argent que vous y avez investi, et vous n'êtes imposable que sur les bénéfices effectivement distribués et sur les rémunérations qui vous sont versées. La société paie obligatoirement l'impôt sur les sociétés, jamais l'impôt sur le revenu.

La société anonyme exige toutefois une mise de fonds assez lourde (37 000 euros de capital au minimum) et il faut sept associés pour constituer la société.

Les frais de gestion et de comptabilité sont également plus élevés que dans une SARL par exemple.

SAS / SASU

La société par actions simplifiée (SAS) a été créée pour permettre aux entreprises nouvelles, surtout dans le domaine de l'innovation technologique, de se développer facilement.

Son coût de fonctionnement est élevé, et les contraintes administratives et comptables importantes.

Par rapport à la société anonyme, SAS et SASU se caractérisent par la très grande liberté dont disposent les associés pour rédiger les statuts et donc prévoir le fonctionnement et même la direction de la société.

La SAS et la SASU sont obligatoirement soumises à l'impôt sur les sociétés.

À la différence de la SARL, les dirigeants de la SAS et celui de la SASU peuvent toujours être salariés, y compris dans le cas où ils ne sont pas majoritaires dans le capital.

© Corinne Moriou et François Sabarly, L'Entreprise, 2007

DOCUMENT 15

Quel statut fiscal choisir ?

Le bénéfice dégagé par une activité commerciale est soumis à l'impôt sur le revenu (IR) pour le travailleur indépendant et les associés d'une SARL de famille, mais soumis à l'impôt sur les sociétés pour la SARL normale, la SA et la SAS.

L'IR est plus simple que l'IS et un peu moins coûteux en frais administratifs et comptables, et en formalités fiscales.

Avec un taux d'imposition de 33,33 % ou même de 15 % pour les PME, le taux de l'IS est en revanche plus intéressant que celui de l'impôt sur le revenu dans ses tranches les plus élevées. Sous le régime de l'IS, d'autre part, le dirigeant ou l'associé est imposé seulement sur sa rémunération (et éventuellement sur les dividendes versés), cette rémunération étant par ailleurs déductible des résultats de la société et pouvant prendre des formes très diverses […]. D'autre part, le salaire du conjoint du dirigeant qui travaille dans l'entreprise peut être déduit intégralement, alors que cette déduction est limitée dans les structures soumises à l'IR.

Foucher

L'ÉVOLUTION DES STRUCTURES JURIDIQUES

9

COMPÉTENCE ATTENDUE

- Justifier le choix d'une structure adaptée à une situation donnée.

Transformation d'entreprises

INOVACTION
Société à responsabilité limitée au capital de 25 000,00 €
Siège social :
203 avenue du Général-Leclerc
75020 PARIS
451 784 746 RCS Paris

Suivant procès-verbal en date du 08/09/2008, l'assemblée des associés a décidé la transformation de la société en société par actions simplifiée, sans que cela n'implique la création d'un être moral nouveau.

Cette décision entraîne la fin des mandats des dirigeants de la société sous son ancienne forme.

Sous sa nouvelle forme, la société aura pour dirigeants :

Président : M. Michel BERTAUD
5 allée des Pins 75007 PARIS
a été nommé :
Commissaire aux comptes titulaire :
Cabinet VERIFASUR
11 rue Victor Hugo
75005 PARIS

Le président

Ref. : 04/171228
Dpt 86 – Vends parts sociales de ma société suite à des problèmes de santé. Concession motocycles de la Vienne, exclusivité sur le département. CA à mi-avril : 90 000 €. Montant des parts sociales : 5 010 €. Montant en comptes courants d'associés : 8 500 €. SN TECHNIQUES MOTOS 86 - M. JÉRÔME PERDRIAU - 105 rue de la Bugellerie - 86000 POITIERS - Téléphone : 05.49.46.72.08 - Email : ducatipoitiers@wanadoo.fr

Annonce : 04/171226
Dpt 95 – Cause retraite, cède ENTREPRISE DE PEINTURE créée en 1986. Bonne réputation dans le Val-d'Oise. Actuellement 1 salarié et 1 apprenti. Bon rendement. Clients : particuliers, banques, entreprises et divers. Véhicules : 1 trafic, 1 express. Nombreux outillages et 200 m² d'échafaudage. Prix : 45 000 € - Email : armony-decors@free.fr ou Contact annonceur : cliquez ici.

Ref. : 1/171223
Dpt 45 – Cède SARL créée en 2004 cause départ. Spéc. réseaux PME-Config. personnalisée. Vente PD toutes marques. Agrée CIEL, Neuf Télécom. Installateur-distributeur. EXCLUSIF LEXMARK Pro. Éts PARFAITEMENT rodée et en pleine expansion. API. Atelier 6 postes. Libre-service PC 8 postes. Excellente notoriété au début de notre 3e année d'existence. Prog. CA à 3 chiffres d'1/an/l'autre. Taux de marge confortée à 40. EBE en 06. 100 m² en centre-ville. Parking 500 pl à 200 m. GRATUIT. Contact annonceur : cliquez ici.

http://www.serviceentreprise.com

Pour quelles raisons la structure juridique initiale d'une entreprise peut-elle être modifiée ?

Sommaire

I. CROISSANCE ET CHANGEMENT DE STRUCTURE

1 Transformer l'entreprise individuelle

DOCUMENT 1

Apport du fonds de commerce et création d'une société

Comme beaucoup d'entrepreneurs individuels, vous pouvez souhaiter, après quelques années d'exploitation, exercer votre activité sous forme de société. La société peut vous apporter un meilleur statut social, un régime fiscal plus intéressant ou encore une séparation plus stricte de votre patrimoine professionnel et privé.

Pour réaliser cette opération, le plus simple, si vous êtes commerçant ou artisan, est de créer la société de votre choix et de lui apporter votre fonds de commerce en respectant les formalités légales de publicité. Vous serez alors titulaire de droits sociaux sur cette société qui devient propriétaire de votre fonds. Il faut savoir que l'apport en société ne porte en principe que sur des actifs. Les dettes de votre entreprise individuelle ne seront donc pas automatiquement transférées à la nouvelle société avec votre fonds.

Toutefois, cette société peut décider de prendre ce passif à sa charge, mais il faudra l'accord de vos créanciers, si vous voulez que ce transfert de dettes vous libère vis-à-vis d'eux.

www.bnpparibas.net

Quelles sont les principales motivations de l'entrepreneur individuel qui décide de créer une société ? Quel type de société privilégiera-t-il ?

2 Modifier la forme sociale

DOCUMENT 2

Transformer une EURL

Plusieurs situations peuvent être à l'origine du passage de l'EURL à la SARL. Mais, dans chacune de ces situations, c'est toujours l'entrée d'associé(s) nouveau(x) qui entraînera la transformation en SARL.

Ouverture volontaire du capital de l'EURL

L'associé unique peut souhaiter faire entrer un ou plusieurs associés dans sa société (par exemple ses enfants…). L'arrivée des nouveaux associés passera par l'acquisition de parts sociales par ces derniers. Du point de vue de l'associé unique, soit il cédera une partie de ses parts, soit il augmentera le capital pour céder des parts créées à cet effet.

Entrée forcée du conjoint de l'associé unique dans l'EURL

Dès lors que l'associé unique a financé le capital de l'EURL avec l'argent commun du ménage, son conjoint a le droit de revendiquer la moitié des parts sociales de l'EURL. De même, le divorce de l'associé unique peut conduire à une transmission d'une partie de ses parts dans l'EURL vers les mains de l'ex-conjoint lors de la liquidation et du partage des biens communs.

Une clause d'agrément insérée dans les statuts permet d'éviter ce genre de désagrément et d'empêcher l'entrée forcée dans le capital de l'EURL.

Décès de l'associé unique

Au cours de la succession, s'il existe plusieurs héritiers, ces derniers peuvent se voir attribuer des parts de l'EURL et ainsi entrer dans le capital de la société. Toutefois, les statuts sont susceptibles d'aménager l'octroi des parts sociales à un ou plusieurs héritiers. Il est même possible de maintenir un associé unique pré-désigné, ce qui empêcherait le passage à la forme de SARL.

Attention ! Les statuts peuvent néanmoins décider la dissolution pure et simple de l'EURL à cause de mort de l'associé unique. Il n'y aurait alors pas transmission aux héritiers ni transformation.

www.legipme.com

1. Quelles sont les principales motivations de l'entrepreneur individuel qui décide volontairement de transformer une EURL en SARL ?
2. Quels avantages la transformation d'une EURL en SASU présente-t-elle ?

DOCUMENT 3

Transformer une SARL

Sur le plan économique

Une SA dispose d'une grande souplesse de financement : elle peut faire appel public à l'épargne et émettre divers titres sur le marché. Il peut donc s'avérer judicieux pour une SARL dont l'activité en pleine expansion nécessite des capitaux importants, de se transformer en SA.

En outre, l'importance de son capital et la présence obligatoire d'un commissaire aux comptes inspirent confiance aux tiers (fournisseurs, banquiers).

Sur le plan juridique

L'entrée et la sortie des associés d'une SA peuvent être organisées avec plus de souplesse à travers un pacte d'actionnaire.

La transformation d'une SARL en SA est parfois imposée par la loi :

– lorsque la SARL exerce une activité réservée par la loi aux SA (entreprise d'assurance, société à objet sportif, coopérative de commerçants détaillants, par exemple) ;

– lorsque la SARL compte plus de 100 associés.

Elle doit, dans un délai de 2 ans, se transformer en SA (à moins que le nombre d'associés ne redevienne inférieur ou égal à 100). À défaut, elle est dissoute.

Sur le plan fiscal et social

Le président et le directeur général d'une SA relèvent du régime fiscal et social des salariés (hors assurance chômage), quelle que soit l'importance de leur participation dans le capital social. Cela peut parfois être avantageux, les gérants de SARL ne bénéficiant de ce régime social que s'ils sont minoritaires.

La cession d'actions est peu coûteuse : les droits d'enregistrement sont réduits à 1,1 % (au lieu de 5 % dans une SARL) et plafonnés à 4 000 euros, ce qui facilite l'entrée de nouveaux partenaires financiers.

www.apce.com

1 Quels éléments peuvent empêcher la transformation d'une SARL en SA ?

2 Si la motivation est simplement d'obtenir des capitaux, la transformation en SA est-elle la seule possibilité qui s'offre à une SARL ?

DOCUMENT 4

Comment transformer une société anonyme en société européenne ?

Code de commerce, article L. 225-245-1

La société[1] établit un projet de transformation de la société en société européenne. Ce projet est déposé au greffe du tribunal dans le ressort duquel la société est immatriculée et fait l'objet d'une publicité dont les modalités sont fixées par décret en Conseil d'État. […]

La transformation en société européenne est décidée selon les dispositions prévues aux articles L. 225-96[2].

(1) Société anonyme.
(2) Décision prise par une assemblée générale extraordinaire (majorité des 2/3 des voix).

Pourquoi créer une société européenne ?

Le premier atout, c'est le label, l'image de marque. Cet élément est très utile pour une société qui entend affirmer son identité européenne. La SE permet aussi d'atténuer certaines susceptibilités nationales ; en limitant les risques de tensions entre les différentes nationalités représentées au sein d'une entreprise née du rapprochement de sociétés provenant de divers pays européens.

Autre avantage : la mobilité. Si une société souhaite s'installer dans un autre pays, elle est en principe obligée d'obtenir l'unanimité de tous les actionnaires. De plus, elle perd en passant la frontière sa personnalité juridique, ce qui la contraint à devoir payer tous les impôts, ainsi exigibles immédiatement, sur les plus values, les dividendes, et les bénéfices. Elle est enfin astreinte à beaucoup de formalités administratives, ce qui est long et coûteux. La SE, quant à elle, garde sa personnalité juridique européenne quand elle passe d'un État à l'autre.

Interview de N. Lenoir ancienne Ministre des affaires européennes.
www.justice.gouv.fr

Constitution et fonctionnement ?

Quatre modes de constitution d'une SE sont prévus : la constitution par fusion, la constitution par création d'une société holding, la constitution sous forme de filiale commune et la transformation d'une société anonyme de droit national.

La SE a un capital minimal de 120 000 euros. Le siège de la SE doit correspondre au lieu où se trouve son administration centrale, c'est-à-dire à son siège réel.

Sur le plan fiscal, la SE est traitée comme n'importe quelle multinationale. Elle reste assujettie aux impôts et taxes de tous les États membres où leurs établissements stables sont situés. En ce sens, leur statut fiscal n'est pas parfait, faute d'une harmonisation européenne suffisante en la matière. La dissolution, la liquidation, l'insolvabilité et la cessation des paiements sont dans une large mesure couvertes par la loi nationale applicable. Le transfert du siège en dehors de la Communauté entraîne la dissolution dela SE à la demande de tout intéressé ou de toute autorité compétente.

Statut de la SE (extraits), http//:europa.eu

Quels sont les principales motivations et les principaux freins pour transformer une SA en SE ?

II. TRANSMISSION ET RESTRUCTURATION D'ENTREPRISES

1 Transmission

DOCUMENT 5

Les coûts de transmission d'une entreprise

La transmission d'une entreprise individuelle s'opère par cession des éléments d'actifs. En revanche, dans les entreprises sociétaires, ce sont les titres (parts sociales ou actions) qui sont cédés. La transmission peut se faire à titre gratuit (par donation ou succession par exemple) ou à titre onéreux. Depuis la loi sur l'initiative économique de 2003, de nombreuses mesures ont été prises pour faciliter la transmission d'entreprises, et notamment pour diminuer le coût des cessions tant pour le cédant que pour le repreneur.

Coût fiscal de la transmission pour le cédant → TAXATION DES PLUS-VALUES

Entreprise individuelle	Sociétés soumise à l'IS		
PRINCIPE = taxation à 16 %	Cession d'éléments d'actifs ↓ Taxation à 33,1 % *(15 % dans la limite de 38 120 €)*	Cession de titres	
		Par personne physique *(plus-values privées / sur valeurs mobilières)*	Par personne morale *(plus-values professionnelles)*
MAIS → EXONÉRATIONS Transmission **à titre gratuit** Cession pour **départ à la retraite** *(disposition applicable aux sociétés de personnes)* Cession des **petites entreprises** *(disposition applicable à toute PME non soumise à l'IS)*		PRINCIPE = taxation à 16 % MAIS → ABATTEMENT pour durée de détention *(pour favoriser l'investissement)* → EXONÉRATION départ à la retraite des dirigeants	PRINCIPE = 0 %

Coût fiscal pour le repreneur → DROITS DE MUTATION

Lorsqu'il s'agit d'une transmission à titre onéreux, les droits diffèrent en fonction de la nature des biens : pour un fonds de commerce (5 %, si la valeur du fonds est > 23 000 €) ; pour des titres (actions = 1,1 % ; parts sociales = 5 %, avec abattement jusqu'à 23 000 €) ;

Pour une transmission à titre gratuit : le montant des droits diffère en fonction des liens de filiation.

En quoi la transmission d'une société est-elle plus simple que celle d'une entreprise individuelle ?

2 Groupes de sociétés : procédés de restructuration

DOCUMENT 6

SFR prend le contrôle de Neuf Cegetel

C'est fait ! SFR, filiale de Vivendi à 56 %, détient désormais précisément 68,13 % du capital de Neuf Cegetel. SFR comptait auparavant un peu moins de 40 % de Neuf Cegetel, mais a vu hier sa participation fortement augmenter après l'accord du ministère français de l'Économie et des Finances, quant à la cession de 28,45 % des actions de Neuf Cegetel détenues par le groupe Louis Dreyfus. Conséquence directe, Jacques Veyrat a démissionné de son poste du conseil d'administration, et n'est donc plus le président directeur général de Neuf Cegetel. Il est remplacé par l'Allemand Frank Esser, l'actuel PDG de SFR.

La transaction n'est cependant pas terminée. SFR déposera en effet, d'ici quelques jours, une offre publique d'achat(1) simplifiée auprès de l'Autorité des marchés financiers, au prix de 36,50 euros par action, cela afin de racheter intégralement Neuf Cegetel. SFR rachètera les 31,87 % restants pour 2,4 milliards d'euros supplémentaires.

www.pcinpact.com, 16 avril 2008

(1) Cette pratique d'origine anglo-saxonne est un moyen de réaliser la restructuration des entreprises, mais elle peut donner lieu à des abus. C'est pourquoi une réglementation a été mise en place en France, pour assurer la protection des actionnaires et des dirigeants contre les opérations purement spéculatives. Désormais, l'OPA doit obligatoirement porter sur la totalité du capital social pour que tout actionnaire qui le souhaite puisse se retirer de l'entreprise visée par une OPA.

1 Quelles sont les principales étapes de la prise de contrôle de Neuf Cegetel par SFR ?

2 Pourquoi une autorisation a-t-elle dû être demandée au ministère de l'Économie et des Finances ?

Analyse d'une situation juridique

COMPÉTENCE ATTENDUE

- Justifier le choix d'une structure adaptée à une situation donnée.

L'avenir de la SARL Optique Plaisir

Mise en situation

M. Lantier, opticien-lunetier, a repris la boutique de son père, à Levallois, en 1975. En 1990, des ennuis de santé et une clientèle en constante augmentation le contraignent à prendre un associé. Il crée alors la SARL Optique Plaisir avec M. Maréchal, qu'il a régulièrement accueilli en stage. Il confie à ce dernier la gérance de la société. Messieurs Maréchal et Lantier sont tous deux titulaires d'un brevet de technicien supérieur en optique. Ils travaillent en collaboration et ont embauché cinq personnes : trois vendeurs, un technicien et une secrétaire-comptable. Le chiffre d'affaires et le résultat d'exploitation sont en constante augmentation. Récemment, les problèmes de santé de M. Lantier se sont aggravés et ne lui permettent plus de participer à l'activité. Afin de ne pas imposer à son associé une prise de décision trop rapide, M. Maréchal, ne pouvant faire face au surcroît de travail, a embauché un opticien intérimaire. Toutefois, à moyen terme, des décisions devront être prises.

TRAVAIL À FAIRE

Vous êtes conseiller juridique. Vous disposez des statuts de la société (document 8) ; vous répondez aux questions de M. Maréchal.

1 M. Lantier peut-il céder ses parts à un tiers sans l'accord de M. Maréchal ?

2 Que se passerait-il en cas de décès brutal de M. Lantier ? Celui-ci a deux enfants, l'un est ingénieur dans une entreprise aéronautique, le second est au chômage après avoir fait des études commerciales et pourrait être intéressé par l'activité de son père.

3 Serait-il juridiquement possible de racheter les parts de M. Lantier ? Quelles seraient les conséquences pour l'entreprise ?

DOCUMENT 7

Opticien-lunetier, une activité réglementée

Nature de l'activité → Commerciale

Conditions d'installation

→ **Qualification**

Tous les gérants (et non les associés) doivent :

– soit être titulaires du BTS ou du BP d'opticien-lunetier ;

– soit bénéficier d'une autorisation du ministère de la Santé, s'ils sont ressortissants d'un pays de l'Union européenne, titulaires d'un diplôme équivalent.

→ **Démarches et formalités**

– Enregistrement à la Direction départementale des affaires sanitaires et sociales (DDASS), comme professionnel de la santé.

– CFE compétent ➤ Chambre de commerce et d'industrie.

– Obligation d'enregistrement à la Caisse régionale d'assurance-maladie (CRAM), au service des Conventions et tarifs.

www.apce.com

DOCUMENT 8

Statuts de la SARL Optique Plaisir

– Monsieur Paul LANTIER, né le 12 avril 1950, de nationalité française, demeurant 11 allée du Bois, 75016 Paris ; marié sous le régime de la séparation de biens avec Madame Anne Lantier, née Dupuis ;

– Monsieur Yves MARÉCHAL, né le 26 mars 1969, de nationalité française, demeurant 45 rue de la République, 75007 Paris ; marié sous le régime de la séparation de biens avec Madame Line Maréchal, née Vals ;

ont établi ainsi qu'il suit les statuts de la société à responsabilité limitée devant exister entre eux et toute autre personne qui viendrait ultérieurement à acquérir la qualité d'associé.

ARTICLE 1 – FORME

Il est formé entre les propriétaires des parts sociales ci-après créées et de celles qui pourraient l'être ultérieurement, une société à responsabilité limitée, qui sera régie par les lois en vigueur et notamment par les articles L223-1 du Code de commerce, ainsi que par les présents statuts.

ARTICLE 2 – OBJET SOCIAL

La société a pour objet : la fabrication et la vente de verres correcteurs, de verres scléro-cornéens et de lentilles de contact ; la vente de tout autre matériel optique (loupes, jumelles, longues-vues, etc) ; et, plus généralement, toutes opérations industrielles, commerciales, financières, mobilières ou immobilières, se rapportant directement ou indirectement à l'objet social ou susceptibles d'en faciliter l'extension ou le développement.

ARTICLE 3 – DÉNOMINATION SOCIALE

OPTIQUE PLAISIR

ARTICLE 4 – SIÈGE SOCIAL

Le siège social est fixé au 18 rue de la République – 92300 LEVALLOIS-PERRET.

Il pourra être transféré en tout autre lieu de la même ville ou des départements limitrophes par simple décision de la gérance, et en tout autre endroit par décision extraordinaire de l'assemblée des associés.

ARTICLE 5 – EXERCICE SOCIAL

Chaque exercice social a une durée d'une année qui commence le 1er juillet et finit le 30 juin de chaque année.

ARTICLE 6 – DURÉE

La durée de la société est fixée à 99 ans à compter de la date de son immatriculation au registre du commerce et des sociétés, sauf prolongation ou dissolution anticipée.

ARTICLE 7 – APPORTS

M. Lantier apporte à la société, sous les garanties de fait et de droit :

– un fonds de commerce (local commercial, matériel et stock), situé au 18 rue de la République à Levallois-Perret, évalué 200 000 euros

M. Maréchal apporte à la société la somme de 100 000 euros.

ARTICLE 8 – CAPITAL SOCIAL

Le capital social est fixé à la somme de 300 000 euros. Il est divisé en 300 parts de 1 000 euros chacune, entièrement libérées, souscrites en totalité par les associés et attribuées à chacun d'eux en proportion de leurs apports respectifs, à savoir : M. Lantier, 200 parts ; M. Maréchal 100 parts.

ARTICLE 9 – PARTS SOCIALES

Chaque part sociale donne droit à une voix dans tous les votes et délibérations et confère à son propriétaire un droit égal dans les bénéfices de la société et dans tout l'actif social.

ARTICLE 10 – CESSION DE PARTS

La cession des parts sociales doit être constatée par écrit. Elle n'est opposable à la société qu'après avoir été signifiée à cette dernière au moyen du dépôt d'un original au siège social contre remise par le gérant d'une attestation de ce dépôt.

Pour être opposable aux tiers, elle doit en outre faire l'objet d'un dépôt au greffe du tribunal de commerce.

ARTICLE 11 – AGRÉMENT DES TIERS

Les parts sociales sont librement cessibles entre associés, entre conjoints, ascendants et descendants d'un associé.

Elles ne peuvent être transmises à des tiers, autres que les catégories visées ci-dessus, qu'avec le consentement de la majorité des associés représentant au moins la moitié des parts sociales.

ARTICLE 12 – DÉCÈS D'UN ASSOCIÉ

En cas de décès d'un associé, la société continuera entre les associés survivants et les héritiers de l'associé décédé, sous condition de leur éventuel agrément tel que prévu à l'article 11 des présents statuts.

ARTICLE 13 – RÉUNION DES PARTS EN UNE SEULE MAIN

En cas de pluralité d'associés, la réunion de toutes les parts en une seule main n'entraîne pas la dissolution de la société, qui continue d'exister avec un associé unique. Celui-ci exerce alors tous les pouvoirs dévolus à l'assemblée des associés.

ARTICLE 14 – GÉRANCE

La société est administrée par M. MARÉCHAL.

ARTICLE 22 – TRANSFORMATION

La société pourra se transformer en société commerciale de toute autre forme, sans que cette opération n'entraîne la création d'un être moral nouveau.

Fait à Paris
Le 15 juin 1990
En quatre exemplaires originaux

LA PRÉVENTION DES DIFFICULTÉS DE L'ENTREPRISE

10

COMPÉTENCE ATTENDUE

- Identifier le stade de la procédure dans une situation donnée.

Eurotunnel : un cas d'école des procédures de prévention des difficultés des entreprises

Suite à une **procédure d'alerte** lancée par ses commissaires aux comptes, Eurotunnel a lancé une procédure de **mandat *ad hoc*** avec ses principaux créanciers (représentant 50,4 % de sa dette), pour négocier des réétalements de ses dettes.

La société annonce avoir signé, mercredi soir, un « accord préliminaire et engageant de restructuration financière ». Cette négociation a permis de conclure une restructuration et un réétalement de ses dettes avec la majorité de ses créanciers, les plus prioritaires dans l'ordre des remboursements. Eurotunnel doit désormais s'entretenir avec le reste de ses prêteurs, qui n'ont pas été conviés aux négociations initiales. Mais l'accord des créanciers exclus jusqu'ici des négociations n'est pas nécessairement indispensable. En effet, le mandat *ad hoc* était mené avec les principaux créanciers de la société, ce qui signifie que les créanciers « résiduels » n'ont que peu de marge de manœuvre.

D'après http://mdae.over-blog.com/
vendredi 26 mai 2006

Article L. 234-1 Code de commerce

« Lorsque le commissaire aux comptes d'une société anonyme relève, à l'occasion de l'exercice de sa mission, des faits de nature à compromettre la continuité de l'exploitation, il en informe le président du conseil d'administration ou du directoire dans des conditions fixées par décret en Conseil d'État. »

Ici, la procédure d'alerte avait été engagée par les commissaires aux comptes d'Eurotunnel, suite à l'incapacité de la société de présenter ses comptes annuels.

Article L. 611-3 Code de commerce

« Le président du tribunal de commerce ou du tribunal de grande instance peut, à la demande du représentant de l'entreprise, désigner un mandataire *ad hoc* dont il détermine la mission. »

La mission du mandataire est de rapprocher les points de vue des parties, mais il n'a pas nécessairement pour mission de mettre au point un accord.

1. Quel est l'objectif des commissaires aux comptes d'Eurotunnel quand ils engagent la procédure d'alerte ? Comment les dirigeants ont-ils réagi ?
2. En quoi toutes ces procédures s'inscrivent -elles dans un processus de prévention ?

Sommaire

I. DÉTECTION ANTICIPÉE DES DIFFICULTÉS

1 L'information

DOCUMENT 1

Le dépôt des comptes annuels : principal révélateur des difficultés économiques

Toute personne physique ou morale ayant la qualité de commerçant est tenue d'établir à la clôture de chaque exercice des documents annuels au vu des enregistrements comptables et de l'inventaire.

Certaines sociétés (SA, SARL, SNC) ont l'obligation de déposer leurs comptes et rapports annuels au greffe du tribunal de commerce dans le mois qui suit leur approbation. À défaut, le président du tribunal peut désormais *(loi du 26 juillet 2005 sur la sauvegarde des entreprises)* adresser à leurs dirigeants une injonction de le faire à bref délai sous astreinte. Si cette demande n'est pas suivie d'effet, le président du tribunal peut demander communication de toute information sur la situation économique et financière de la société auprès du commissaire aux comptes, des représentants du personnel, des administrations publiques, des organismes de Sécurité sociale et des services chargés de la centralisation des risques bancaires et des incidents de paiement.

Les entreprises d'une certaine importance sont tenues de tenir des documents prévisionnels.

http://www.apce.com

En quoi l'obligation d'établir et de publier les comptes annuels peut-elle être considérée comme une mesure de prévention des difficultés de l'entreprise ?

2 La procédure d'alerte

DOCUMENT 2

Pour des difficultés « avérées » : la procédure d'alerte

Le commissaire aux comptes (spécialiste des chiffres) a l'obligation d'alerter les dirigeants « des faits de nature à compromettre la continuité de l'exploitation ». En pratique, dès qu'il a connaissance d'événements susceptibles de mettre en danger la vie de l'entreprise, le commissaire aux comptes doit les exposer aux dirigeants et demander à ceux-ci des explications et les mesures envisagées pour y faire face, selon une procédure spécifique au type de la société. Si ce professionnel manque à son devoir d'alerte, sa responsabilité peut être engagée par les créanciers dans le cas où l'entreprise serait mise par la suite en redressement ou en liquidation judiciaire.

Le comité d'entreprise dispose, lui aussi, du pouvoir d'alerte sur la direction de l'entreprise, mais il s'agit là d'une faculté et non d'une obligation.

De même, les associés ou actionnaires peuvent exercer un droit d'alerte à travers les questions posées aux dirigeants avant l'assemblée générale annuelle ou en cours d'exercice.

Le président du tribunal de commerce, enfin et surtout, peut convoquer le dirigeant à un entretien lorsqu'il a connaissance (par les registres du greffe ou le commissaire aux comptes) de difficultés importantes. Si le dirigeant ne répond pas à cette convocation, le tribunal peut prononcer d'office le redressement judiciaire ou la liquidation de l'entreprise s'il estime que celle-ci est en état de cessation de paiements : le dirigeant a donc tout intérêt à se présenter, à fournir des explications claires et à proposer des solutions pour redresser la situation.

www.lentreprise.com, 14 février 2007

1. Rechercher des exemples d'événements susceptibles de déclencher la procédure d'alerte.
2. Qui peut être à l'origine d'une procédure d'alerte ? Quel est l'intérêt de chacun ?

II. TRAITEMENT AMIABLE DES DIFFICULTÉS

1 Le mandat *ad hoc*

DOCUMENT 3

Souplesse et confidentialité du mandat *ad hoc*

Vous demandez au tribunal de commerce de nommer à vos côtés une personne « indépendante », extérieure à l'entreprise, qui va vous aider à analyser votre situation, vos difficultés, et à élaborer des solutions de redressement.

Avant d'accepter votre requête, le président vérifie que votre entreprise n'est pas en cessation de paiements.

Cessation de paiement

Selon la loi, une entreprise se trouve en cessation de paiements lorsqu'elle est « dans l'impossibilité de faire face au passif exigible avec son actif disponible ».

Pour faire simple, il y a cessation de paiements lorsque le cumul des dettes fournisseurs, fiscales et sociales excède la somme de comptes clients et de la trésorerie.

En cas d'acceptation, une ordonnance nomme le mandataire et fixe l'étendue de sa mission (assister les dirigeants dans des négociations, suivre une action ponctuelle), la durée de celle-ci (généralement trois mois, renouvelables plusieurs fois), ainsi que sa rémunération.

La procédure se caractérise d'abord par sa souplesse. Vous restez en fonction, le mandataire ne faisant que vous assister, et si vous souhaitez mettre fin au mandat *ad hoc*, il suffit de le dire au président du tribunal, qui l'arrêtera sur-le-champ.

Le deuxième point fort de cette solution est sa confidentialité. Le mandataire *ad hoc* est tenu par la loi de la respecter. Par conséquent, sauf si vous décidez vous-même d'en parler, personne ne saura que vous traversez une passe difficile.

Enfin, le plus souvent, la mission est confiée à un administrateur judiciaire, spécialiste de ce type de procédure et du redressement d'entreprises en difficulté. Il apporte dans les négociations le poids de son expérience et de sa fonction, et il est nommé par le président du tribunal de commerce, ce qui lui confère légitimité et force dans les discussions.

70 % des procédures sont un succès : elles se terminent par la conclusion d'un accord amiable.

http://entreprises.pwc.fr

1 Quelles sont les conditions requises pour bénéficier de l'assistance d'un mandataire *ad hoc* ?

2 Pourquoi une telle procédure a-t-elle beaucoup de chances d'aboutir à un accord amiable ?

2 La procédure de conciliation

DOCUMENT 4

Mandat *ad hoc* et conciliation : les différences ?

Article L. 611-4 – Code de commerce

Il est institué, devant le tribunal de commerce, une procédure de conciliation dont peuvent bénéficier les personnes exerçant une activité commerciale ou artisanale qui éprouvent une difficulté juridique, économique ou financière, avérée ou prévisible, et ne se trouvent pas en cessation de paiements depuis plus de quarante-cinq jours.

Article L. 611-6 – Code de commerce

Le président du tribunal est saisi par une requête du débiteur exposant sa situation économique, sociale et financière, ses besoins de financement ainsi que, le cas échéant, les moyens d'y faire face. […]

La procédure de conciliation est ouverte par le président du tribunal, qui désigne un conciliateur pour une période n'excédant pas quatre mois mais qu'il peut, par une décision motivée, proroger d'un mois au plus à la demande de ce dernier. […]

D'après www.associatis.com

Comparer les conditions d'ouverture des procédures de mandat *ad hoc* et de conciliation.

DOCUMENT 5

Quelle portée juridique pour l'accord de conciliation ?

La conciliation a pour finalité de trouver un accord entre l'entrepreneur et ses créanciers, qui peut notamment prendre la forme de : délais de paiement, remises de dettes, etc.

Deux possibilités existent pour l'accord

1. Sur demande conjointe des parties, le président du tribunal peut **constater l'accord** et lui donner une force exécutoire après avoir vérifié auprès du débiteur qu'il ne se trouve pas en cessation de paiements ou que celle-ci a pris fin avec l'accord. Dans ce cas, l'accord conclu n'est pas publié et reste donc confidentiel. Il met fin à la procédure.

2. Sur demande du débiteur, le tribunal **peut homologuer l'accord** si les conditions sont réunies :
– le débiteur n'est pas en cessation de paiements ou si l'accord lui permet d'y mettre fin ;
– les termes de l'accord sont de nature à assurer la pérennité de l'activité de l'entreprise ;
– l'accord ne porte pas atteinte aux intérêts des créanciers non signataires.

Le jugement d'homologation de l'accord met fin à la procédure de conciliation. Il est déposé et publié au greffe du tribunal. Toute personne intéressée peut le consulter.

Avantages de l'homologation

Pour les créanciers parties à l'accord :
– être à l'abri d'une action en responsabilité pour soutien abusif à l'entreprise en difficulté ;
– en cas d'ouverture d'une procédure de sauvegarde, de redressement ou de liquidation judiciaire, le bénéfice d'être payés prioritairement par rapport aux créanciers antérieurs à l'ouverture de la procédure de conciliation, s'ils ont accordé au débiteur un nouvel apport en trésorerie permettant d'assurer la poursuite de l'activité de l'entreprise.

www.apce.com

1 Quels sont, pour le chef d'entreprise, les objectifs d'un « accord amiable » ?

2 Ces objectifs sont-ils en contradiction avec ceux des créanciers ?

DOCUMENT 6

Premiers bilans

Avec la promulgation de la loi de sauvegarde des entreprises du 26 juillet 2005, entrée en vigueur le 1er janvier 2006, le législateur a souhaité mettre l'accent sur la prévention.

Pour 2006 – Données nationales

Les mandats *ad hoc* ont connu une augmentation sensible, alors que les conciliations ont été multipliées par 3 ou 4.

Pour le mandat *ad hoc*, ce n'est pas une surprise : la loi nouvelle n'a fait que donner ses lettres de noblesse à cette procédure en lui consacrant un article. En revanche, le succès de la conciliation *(qui remplace le règlement amiable)* est à noter.

Depuis le 1er janvier 2006, la quasi-totalité des conciliations sont ouvertes directement, alors qu'avant la loi, le passage par le mandat *ad hoc* était quasiment la règle.

90 % des procédures de conciliation se terminent par un constat d'accord et non par une homologation. On aurait pu imaginer que la pression des créanciers tendrait à favoriser la pratique de l'homologation ; mais le souci de confidentialité, pour ne pas mettre en péril le crédit de l'entreprise, semble privilégié.

Pour 2007 – Données Île-de-France

Dans le prolongement de l'année 2006, on pouvait penser que ces procédures allaient encore progresser. Or, il semble que l'on atteigne un palier. Les mandats *ad hoc* diminuent (– 19 %) ; quant aux conciliations, leur nombre se stabilise, mais elles sont pour la première fois aussi nombreuses que les mandats *ad hoc*.

Un changement profond dans les pratiques semble se confirmer. La conciliation devient une procédure autonome (qui ne fait pas nécessairement suite au mandat *ad hoc*) en raison, notamment, de la possibilité de demander son ouverture même en état de cessation des paiements.

D'après une étude de l'Observatoire consulaire des entreprises en difficulté

Quels sont les éléments qui justifient le succès de la procédure de conciliation ?

Analyse d'une situation juridique

COMPÉTENCE ATTENDUE

- Identifier le stade de la procédure dans une situation donnée.

Les difficultés financières de Carrere Group

Mise en situation

Vous accomplissez un stage dans l'entreprise Carrere Group, au sein du service « Relations publiques ».
Avant de vous confier la rédaction des prochains communiqués de presse, votre tuteur vous demande de prendre connaissance des dernières informations relatives à la situation de la société.

TRAVAIL À FAIRE

Il vous est demandé d'étudier la documentation fournie et de répondre aux questions suivantes.

1 Quelles sont les principales étapes de la procédure qui a abouti à un accord de conciliation ?

2 Qui a eu l'initiative de cette procédure ? Quels en sont les principaux objectifs ?

3 Un accord avec les créanciers a-t-il été trouvé ? À quelles conditions ? La position du « fondateur » a-t-elle été déterminante dans les décisions prises pour aboutir à un accord ?

DOCUMENT 7

Carrere Group

Secteur : Communication / Médias

Marché : Euronext Paris B

Profil : Carrere Group est un groupe audiovisuel diversifié, divisé en plusieurs secteurs :

– films TV et longs-métrages (50,3 %) : production et distribution de fictions (*L'Été rouge*, *Maigret*, etc.), de longs métrages (*Nid de guêpes*, *The Last Sign*, etc.) et de documentaires pour la TV et le cinéma ;

– animation (23,2 %) : leader indépendant de séries et de films d'animation avec un catalogue de plus de 50 séries ou films (*Les Triplettes de Belleville*, *Poil de carotte*, etc.) ;

– émissions de flux (15,9 %) : production d'émissions télévisées (*documentaires, reportages, magazines culturels et musicaux*) avec l'intégration des sociétés Productions Tony Comiti (*Envoyé Spécial*, *Zone Interdite*, etc.) et Guillaume Durand Production (*Campus*, *Trafic Music*) ;

– autres (10,6 %) : à la fin 2003, ce secteur regroupe les activités de communication (*diffusion d'informations économiques et financières*), de droits dérivés (*vente des droits d'exploitation de personnages TV pour des articles textiles, de la vaisselle, des jeux vidéo, de l'édition*, etc. ; *leader indépendant*) et d'interactivité (*transfert et acquisitions de contenus digitaux*).

50 % du CA sont réalisés en France.

www.actusnews.com

DOCUMENT 8

Carrere Group : accord trouvé ?

L'ancien directeur général de *La Tribune* et ex-président de l'Agefi, P. Micouleau, aurait déposé un plan de reprise du deuxième producteur audiovisuel français actuellement sous le régime d'une procédure de conciliation. Le sort du groupe Carrere sera-t-il bientôt scellé ? C. Carrère, le fondateur, âgé de 72 ans, n'a pas encore donné son feu vert. D'autres candidats tourneraient encore autour du dossier : le producteur hollandais Eyework et les sociétés Moonscoop et Cyber Group notamment.

Le temps presse. Déjà prorogée, la procédure de conciliation, engagée en mars pour éviter le dépôt de bilan, arrive à son terme fin juin. Le groupe Carrere croule sous une dette de près de 60 millions d'euros. Une solution de reprise du producteur passera par un accord avec les huit banques créancières (*BNP-Paribas, Société Générale, HSBC*, etc.) de la société. Selon un proche du dossier, le montage proposé par P. Micouleau aurait déjà été validé par plusieurs d'entre elles.

Pour apurer la situation financière du producteur, P. Micouleau propose dans son plan de remettre à flot l'entreprise *via* une augmentation de capital d'un montant de 35 millions d'euros, à laquelle il participerait. L'opération serait par ailleurs souscrite par les institutionnels déjà au capital du groupe Carrere (*Richelieu Finance, Schroeders*, etc.).

Parallèlement, une discussion serait engagée avec les producteurs des sociétés du groupe, généralement actionnaires minoritaires de leur entreprise.

Les négociations ne sont toutefois pas terminées. Jusqu'à la dernière minute, un grain de sable peut encore tout faire capoter.

www.boursier.com

DOCUMENT 9

Informations financières sur la société Carrere Group

Communiqué de presse du 12 août 2008 à 17 h 45

À la suite de difficultés financières liées notamment au financement de l'activité ainsi qu'aux difficultés de ses filiales RIFF, B3 Com et VIP, Carrere Group SA s'est retrouvé dans une situation tendue de trésorerie, susceptible de compromettre sa pérennité.

C'est dans ce contexte qu'elle a, d'une part, sollicité de M. le Président du tribunal de commerce de Bobigny la nomination d'un conciliateur qui est intervenue par ordonnance du 11 mars 2008 et, d'autre part, compte tenu de l'incertitude pesant sur l'avenir du groupe et après en avoir informé ses partenaires financiers, demandé à NYSE Euronext de suspendre la cotation des titres dès le 31 mars 2008 afin de veiller au respect du traitement égalitaire de l'information vis-à-vis du marché et de pallier tout risque de transaction ne respectant pas ce principe.

Après de longues négociations et plusieurs reports de la date d'expiration de la période de conciliation, un accord a finalement été trouvé avec les principaux créanciers financiers de Carrere Group SA et de sa filiale, Carrere Group DA.

Cet accord, définitivement signé lundi 11 août 2008, date ultime de la procédure de conciliation, prévoit, d'une part, une solution de reprise de Carrere Group SA par le candidat soutenu par M. Claude Carrere, à savoir la société Moonscoop et les dirigeants de cette dernière, MM. Benoît et Christophe Di Sabatino, et, d'autre part, une réduction de près de 70 % de son endettement bancaire accompagnée d'une reconstitution de ses fonds propres.

Ces opérations résulteront notamment d'une restructuration du capital de Carrere Group SA, prenant la forme d'une réduction de capital suivie d'une ou plusieurs augmentations de capital, dont au moins une avec maintien du droit préférentiel de souscription, sous réserve de l'accord des autorités boursières.

Cet accord est soumis à la condition que lesdites opérations sur le capital soient réalisées avec succès au plus tard le 30 novembre 2008.

Une communication financière détaillée sera faite prochainement.

www.actusnews.com

DOCUMENT 10

Article L. 611-7 du Code de commerce

Le conciliateur a pour mission de favoriser la conclusion entre le débiteur et ses principaux créanciers ainsi que, le cas échéant, ses cocontractants habituels, d'un accord amiable destiné à mettre fin aux difficultés de l'entreprise. Il peut également présenter toute proposition se rapportant à la sauvegarde de l'entreprise, à la poursuite de l'activité économique et au maintien de l'emploi. […]

En cas d'impossibilité de parvenir à un accord, le conciliateur présente sans délai un rapport au président du tribunal. Celui-ci met fin à sa mission et à la procédure de conciliation. Sa décision est notifiée au débiteur.

LE TRAITEMENT DES DIFFICULTÉS DE L'ENTREPRISE

11

COMPÉTENCE ATTENDUE

- Identifier le stade de la procédure dans une situation donnée.

Alerte rouge pour les faillites en France

Entamé il y a deux ans, le mouvement de hausse des faillites en France a pris un tour encore plus inquiétant avec la crise financière. « Avec 11 407 défaillances au troisième trimestre, l'été 2008 renoue avec un niveau de faillites jamais atteint depuis 1997 », où 12 600 défaillances avaient été recensées, indique une étude du cabinet Altares publiée mardi. Soit une hausse de 17 % sur un an.

Le « constat est d'autant plus douloureux, *poursuit l'étude*, que deux tiers de ces défaillances (7 694, 67 %) sont des liquidations directes ». S'y ajoutent 3 680 redressements judiciaires et 162 procédures de sauvegarde, solutions très minoritaires mais qui augmentent encore plus vite (+ 34 %).

« Au début de l'été 2008, la crise de confiance touche l'ensemble de la chaîne de la finance, de la banque à l'assurance, *explique le cabinet Altares*. Le manque de liquidités se fait dès lors sentir sur les grandes entreprises. Les trésoreries sont asphyxiées ».

Or, les difficultés des moyennes et grandes entreprises – qu'elles se traduisent par l'allongement des délais de paiement ou, plus grave encore, par une faillite – auront forcément « un impact sur la pérennité des plus modestes », prédit encore Altares. Le cap des 53 000 faillites pourrait ainsi être atteint à la fin de l'année contre 40 200 sur les neuf premiers mois.

Hausse des faillites

Les faillites d'entreprises ont augmenté de 17,2 % au troisième trimestre 2008 en France par rapport à la même période de 2007, conséquence de la crise financière, selon une étude du cabinet Altares.

Évolution du nombre de faillites d'entreprises au 3e trimestre en France par rapport à la même période de 2007

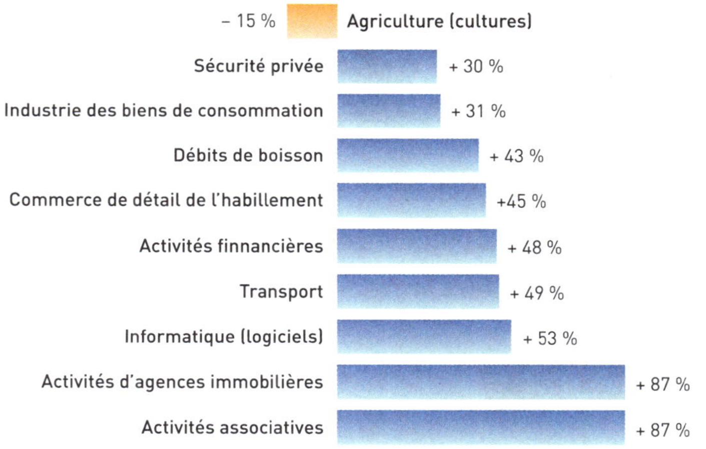

© L'Expansion/2008

1. L'objectif de « sauvegarde des entreprises » que le législateur s'est fixé en 2005 sera-t-il facile à atteindre ?
2. Le développement des mesures de prévention semble-t-il avoir porté ses fruits ?
3. Expliquez : « [...] les difficultés des moyennes et grandes entreprises auront un impact sur la pérennité des plus modestes ».

Sommaire

I. LES PROCÉDURES JUDICIAIRES

1 Sauvegarde ou redressement judiciaire

DOCUMENT 1

Exposé des motifs – Loi de « sauvegarde des entreprises » (26 juillet 2005)

L'objectif de la sauvegarde de l'entreprise est crucial. Pour ce faire, la loi doit permettre d'appréhender les difficultés de l'entreprise dès qu'elles deviennent prévisibles, avant même qu'elles ne se traduisent en trésorerie.

Les procédures sont diversifiées, car la procédure judiciaire n'est pas le seul moyen de traitement des difficultés d'une entreprise. Le domaine du traitement amiable des difficultés des entreprises est donc élargi et permet aux créanciers, aux investisseurs et aux débiteurs de conclure un accord juridiquement sécurisé.

Les conditions d'ouverture des procédures judiciaires sont élargies, car elles ne permettent actuellement que rarement la mise en œuvre d'une véritable solution pour sauver l'entreprise. L'un des motifs juridiques de cet échec est l'impossibilité d'ouvrir une procédure lorsque l'entreprise rencontre des difficultés sérieuses mais qu'elle n'est pas en cessation des paiements. Le projet met fin à cet obstacle par la création d'une « procédure de sauvegarde », destinée, dès que le débiteur justifie de difficultés susceptibles de conduire à la cessation des paiements, à la réorganisation de l'entreprise afin de permettre la poursuite de l'activité économique, le maintien de l'emploi et l'apurement du passif. Ainsi, par l'anticipation qu'elle permet, la procédure de sauvegarde renforce l'efficacité de notre droit. Elle permet l'adoption de nouvelles mesures, débattues par le débiteur avec ses créanciers réunis au sein de comités.

Par ailleurs, la loi doit établir une distinction claire fondée sur l'objectif des différentes procédures. La sauvegarde, de même que le redressement, est la seule procédure utile lorsque le débiteur peut poursuivre lui-même son activité. En revanche, la liquidation est destinée à réaliser l'actif de la personne concernée, si possible au moyen de la reprise de l'entreprise par un tiers capable d'assurer la poursuite de l'exploitation.

www.legifrance.gouv.fr

1. En quoi la procédure de « sauvegarde » se distingue-t-elle de la procédure de « conciliation » ?
2. Quels sont les objectifs communs aux procédures de sauvegarde et de redressement ?
3. En quoi ces deux procédures se distinguent-elles de la procédure de liquidation judiciaire ?

DOCUMENT 2

Code de commerce

Article L. 620-1

Il est institué une **procédure de sauvegarde** ouverte sur demande d'un débiteur *mentionné à l'article L. 620-2* qui justifie de difficultés, qu'il n'est pas en mesure de surmonter, de nature à le conduire à la cessation des paiements. Cette procédure est destinée à faciliter la réorganisation de l'entreprise afin de permettre la poursuite de l'activité économique, le maintien de l'emploi et l'apurement du passif.

La procédure de sauvegarde donne lieu à un plan arrêté par jugement à l'issue d'une période d'observation […].

Article L. 631-1

Il est institué une **procédure de redressement judiciaire** ouverte à tout débiteur *mentionné aux articles L. 631-2 ou L. 631-3* qui, dans l'impossibilité de faire face au passif exigible avec son actif disponible, est en cessation des paiements.

La procédure de redressement judiciaire est destinée à permettre la poursuite de l'activité de l'entreprise, le maintien de l'emploi et l'apurement du passif. Elle donne lieu à un plan arrêté par jugement à l'issue d'une période d'observation […].

➔ En ce qui concerne les conditions d'ouverture des procédures, quelles sont les différences entre la procédure de sauvegarde et celle de redressement ?

DOCUMENT 3

Jugement d'ouverture des procédures

À l'ouverture des procédures, le tribunal désigne :

– un juge-commissaire, chargé de veiller au déroulement rapide de la procédure et à la protection des intérêts en présence ;

– un mandataire judiciaire chargé de représenter les créanciers et d'agir en leur nom ;

– un administrateur judiciaire *(facultatif pour les petites entreprises).*

Les missions de l'admnistrateur judiciaire

Procédure de sauvegarde	Procédure de redressement
Mission de surveillance *L'administrateur judiciaire ne peut s'immiscer dans la gestion* ou Mission d'assistance	Mission de représentation *Il y a donc un « certain » dessaisissement du dirigeant*

S'ouvre alors une période dite d'observation, d'une durée maximale de 6 mois *(renouvelable deux fois).*

Cette période d'observation a pour finalité de procéder à l'inventaire du patrimoine du débiteur, au diagnostic économique et social de l'entreprise ainsi qu'à l'élaboration d'un plan de sauvegarde ou de redressement. Durant celle-ci, l'activité de l'entreprise est poursuivie, sauf si la situation économique du débiteur ne le permet pas. Les actions en justice et voies d'exécution des créanciers dont la créance est née antérieurement au jugement d'ouverture sont interrompues, arrêtées ou interdites. Il est interdit au débiteur de payer toute créance née antérieurement au jugement d'ouverture.

Foucher

1 Comment se justifie la différence de nature de la mission de l'administrateur judiciaire dans les deux procédures ?

2 Quel est l'objectif de la période d'observation ?

DOCUMENT 4

Pas de plan de continuité pour Wasteels Voyages...

Selon l'administrateur judiciaire en charge du dossier depuis le 29 octobre, date de la mise en redressement judiciaire du réseau, « la meilleure solution pour l'avenir de Wasteels est la cession dans la globalité des agences ou du moins par zone géographique », explique-t-on au siège à l'issue d'une réunion qui s'est tenue lundi entre maître Blériot *(administrateur judiciaire)* et les responsables d'agences.

Il n'y aura donc pas de plan de continuité, contrairement au dossier présenté par L. Wasteels qui prévoyait la fermeture de 6 agences déficitaires sur les 68 et la suppression d'une trentaine de postes sur les 227 salariés que compte le réseau. « En cas de reprise, l'administrateur assure qu'il n'y aura pas de licenciement ; en revanche il y aura des suppressions de postes au siège. » Un nouveau rendez-vous est fixé le 10 décembre au tribunal de commerce de Bobigny pour « faire le point ».

La rédaction de *L'Écho touristique*, 03 décembre 2008

À l'issue de la période d'observation sont élaborés des plans dits respectivement de « sauvegarde » ou de « redressement », afin de permettre la poursuite de l'activité économique, le maintien de l'emploi et l'apurement du passif. Avant 2006, ce plan était désigné sous le nom de « plan de continuation ».

Ces plans vont permettre à une entreprise en difficulté, mais économiquement viable, de ne pas disparaître et de pouvoir continuer à exercer ses activités dans le cadre d´un plan. Pour prendre sa décision le tribunal s´attache aux résultats de l´entreprise pendant la période d´observation, aux prévisions de croissance, à l´importance du passif et aux propositions de règlement de ce dernier.

Ce plan s'inscrit normalement sur une période maximale de 10 ans et peut être résolu si le débiteur n'exécute pas ses engagements dans les délais fixés. Son exécution est placée sous le contrôle d'un commissaire à l'exécution du plan (en fait l'administrateur judiciaire ou le représentant des créanciers).

1 À la date de publication de l'article, à quel stade de la procédure Wasteels se trouve-t-il ?

2 Quelle sera la prochaine étape de la procédure ?

2 Liquidation judiciaire

DOCUMENT 5

Code de commerce – Article L. 640-1

Il est institué une procédure de liquidation judiciaire ouverte à tout débiteur *mentionné à l'article L. 640-2* en cessation des paiements et dont le redressement est manifestement impossible.

La procédure de liquidation judiciaire est destinée à mettre fin à l'activité de l'entreprise ou à réaliser le patrimoine du débiteur par une cession globale ou séparée de ses droits et de ses biens.

1. Quelles sont les deux conditions cumulatives pour l'ouverture d'une procédure de liquidation ?
2. Quel est l'objectif de la procédure de liquidation judiciaire ?

DOCUMENT 6

Réalisation de l'actif ou cession de l'entreprise

La liquidation judiciaire de l'entreprise peut être prononcée par le tribunal immédiatement après le jugement d'ouverture de la procédure, pendant ou à la fin de la période d'observation. Le jugement de liquidation est exécutoire immédiatement, même si un appel est formé contre la décision du juge *(sauf si cet appel émane du ministère public)*. Un liquidateur est alors nommé – en général le représentant des créanciers – avec pour mission la vente des actifs de l'entreprise au meilleur prix, isolément ou par unité de production. La commercialisation des actifs immobiliers a lieu en principe par adjudication aux enchères publiques, et celle du stock et des matériels, soit aux enchères publiques, soit directement de gré à gré. Sauf exception, la liquidation entraîne donc l'arrêt immédiat de l'activité et, lorsque l'entreprise est en société, la dissolution de celle-ci.

Le tribunal de commerce peut décider d'adopter un plan de cession de l'entreprise si certaines des activités sont susceptibles d'apurer le passif en maintenant les emplois. La cession peut être totale ou partielle. Le tribunal choisit le repreneur parmi les offres de reprise soumises à l'administrateur pendant la période d'observation.

www.lentreprise.com, 26 mars 2004

1. La liquidation est-elle une procédure autonome ou, au contraire, n'intervient-elle qu'après l'échec d'une procédure de redressement ?
2. Quelle alternative s'offre au liquidateur ? En quoi la cession de l'entreprise permet-elle d'atteindre en partie les objectifs fixés par le législateur dans la loi de 2005 ?

DOCUMENT 7

SERF : 10 jours pour s'en sortir !

Spécialisée dans les machines et outillages industriels, la SAS Serf de Caudan a été placée en redressement judiciaire fin octobre. Malgré un carnet de commandes prometteur, l'entreprise connaît de sérieux problèmes de trésorerie. Ils seraient liés, en partie, à des erreurs de gestion de l'actionnaire (unique) allemand Senator qui vient lui aussi de déposer son bilan outre-Rhin. Serf est aujourd'hui en grande difficulté, elle n'a toujours pas de garanties bancaires et donc ne peut pas accepter de nouvelles commandes. Elle ne peut pas, non plus, payer ses fournisseurs qui, pour certains d'entre eux, sont même revenus chercher des pièces sur les machines achevées. Machines qui, de fait, ne pourront pas être livrées et donc payées.

La situation est inextricable. L'entreprise de 70 salariés est convoquée devant le tribunal de commerce le 12 décembre. Les salariés souhaiteraient qu'un délai soit accordé à leur société. Deux dossiers de reprise sont en cours de montage, dont un avec l'Américain Vulcan.

www.letelegramme.com

1. Justifiez la décision de « liquidation » qui risque d'être prise le 12 décembre.
2. Que permettrait le délai souhaité par les salariés ?

II. LES CONSÉQUENCES POUR LES CRÉANCIERS

1 Cas général : les créanciers chirographaires ou privilégiés

DOCUMENT 8

Le traitement des créanciers dans les procédures judiciaires

Dans le cadre d'une procédure de sauvegarde ou de redressement judiciaire, la date de publication du jugement d'ouverture est le point de départ du délai de déclaration des créances. Les créanciers titulaires de sûretés sont avertis personnellement.
Ceux dont la créance est antérieure au jugement d'ouverture ne peuvent plus être payés et toute poursuite de leur part est suspendue pendant la période d'observation.

Les créanciers dont la créance naît postérieurement au jugement d'ouverture et est « utile » *(bon déroulement de la procédure ou de la période d'observation, ou contrepartie d'une prestation fournie au débiteur, pour son activité professionnelle)*, **font l'objet d'un « traitement préférentiel »**. Ils peuvent être payés à l'échéance. À défaut de paiement, ils ont un privilège.

Au terme de la période d'observation, si un plan de sauvegarde ou de redressement est conclu, toutes les créances devront être payées en tenant compte des délais et remises consentis *(le premier paiement doit intervenir dans la première année du plan ; ensuite, chaque année, le remboursement ne peut être inférieur à 5 % du passif admis).*

Le jugement prononçant la liquidation rend exigibles toutes les créances (même non échues). Les créanciers privilégiés ou hypothécaires sont payés en priorité, ainsi que les frais de la liquidation et les subsides accordés au débiteur. Ce n'est que si un actif subsiste que les créanciers chirographaires seront payés « au marc le franc ». Même en cas d'insuffisance d'actif, lorsque la clôture de la liquidation est prononcée, les créanciers qui n'ont pas été payés ne retrouvent pas leur droit de poursuite.

Foucher

1. Quel est l'objectif du législateur quand il accorde un « traitement préférentiel » à certains créanciers ?
2. Comment peut-on expliquer le mécanisme des « faillites en chaîne » ?

DOCUMENT 9

Les comités de créanciers

Dans les défaillances d'entreprises, ce sont les fournisseurs qui subissent le plus de pertes (en 2004, sur 38 847 clôtures de liquidation prononcées, 38 001 l'ont été pour insuffisance d'actif contre seulement 846 pour extinction du passif). Désormais, les PME fournisseurs pourront faire entendre leur voix dans les procédures en participant aux comités de créanciers.

Toutefois, les dirigeants de PME, s'ils sont acceptés dans ces comités, devront parvenir à dégager du temps pour y assister.

La constitution de comités de créanciers n'est pas prioritairement dirigée vers les PME. Si elle est la règle pour les entreprises dont le nombre de salariés est supérieur à 150 ou qui réalisent plus de 20 millions de chiffre d'affaires, elle ne s'applique que par dérogation aux PME.

Enfin, il convient de s'interroger sur la place des PME au sein des comités. Le premier comité leur est fermé, il réunit les établissements de crédit. Le second, où les entreprises créancières devraient trouver leur place, rassemble les principaux fournisseurs de biens ou de services. Mais, à l'exception des membres de droit (les fournisseurs détenant plus de 5 % des créances, totales des fournisseurs), la participation des autres fournisseurs n'est que conditionnelle. Il est donc à craindre que peu de petits créanciers soient appelés à y participer ou ne souhaitent y intervenir.

L'impact des plus gros fournisseurs risque de demeurer primordial. Il faut donc inciter débiteurs et administrateurs à associer les entreprises à ces procédures et les PME à y participer.

Foucher

1. En quoi la participation aux « comités de créanciers » est-elle utile ?
2. Pour quelles raisons les petits fournisseurs risquent-ils de ne pas profiter de cette innovation de la loi de sauvegarde ?

DOCUMENT 10

Les créanciers privilégiés

Dans le cadre d'une procédure de sauvegarde ou de redressement judiciaire n'aboutissant pas à une liquidation judiciaire, l'ordre de paiement suivant sera respecté :

1. le superprivilège des salaires ;
2. le privilège des frais de justice antérieurs au jugement d'ouverture de la procédure ;
3. le privilège de conciliation ;
4. les créances postérieures éligibles au traitement préférentiel ;
5. les titulaires des sûretés spéciales *(privilège spécial, nantissement, hypothèque)*, en cas de vente du bien au cours de la période d'observation ou pendant l'exécution d'un plan de sauvegarde ou de redressement ;
6. les créances postérieures non éligibles au traitement préférentiel et les créances antérieures.

Foucher

Privilège de conciliation, dit aussi de « *new money* » – Article L. 611-11 du Code de commerce

En cas d'ouverture d'une procédure de sauvegarde, de redressement judiciaire ou de liquidation judiciaire subséquente, les personnes qui avaient consenti, dans l'accord homologué (*procédure de conciliation*), un nouvel apport en trésorerie au débiteur en vue d'assurer la poursuite d'activité de l'entreprise et sa pérennité sont payées, pour le montant de cet apport, par privilège. [...]

Dans les mêmes conditions, les personnes qui fournissent, dans l'accord homologué, un nouveau bien ou service en vue d'assurer la poursuite d'activité de l'entreprise et sa pérennité sont payées, pour le prix de ce bien ou de ce service, par privilège. [...]

Cette disposition ne s'applique pas aux apports consentis par les actionnaires et associés du débiteur dans le cadre d'une augmentation de capital.

Les créanciers signataires de l'accord ne peuvent bénéficier directement ou indirectement de cette disposition au titre de leurs concours antérieurs à l'ouverture de la conciliation.

1. Quels sont les points communs et les différences entre le « privilège de conciliation » et le privilège accordé aux créances bénéficiant d'un « traitement préférentiel » ?
2. La volonté d'assurer la continuité de l'entreprise transparaît-elle dans l'ordre de paiement des créanciers ?

2 Cas particulier : les salariés

DOCUMENT 11

L'AGS (Association pour la gestion du régime de garantie des créances des salariés)

Le régime de garantie des salaires repose sur un système d'assurance obligatoire des employeurs. La mise en œuvre de la garantie suppose obligatoirement l'ouverture d'une procédure de redressement, de liquidation judiciaire ou de sauvegarde.

Si les sommes dues en vertu du contrat de travail ne peuvent être payées, le représentant des créanciers va demander à l'AGS l'avance des fonds. Pour les sommes du superprivilège, le relevé doit être établi dans les 10 jours de l'ouverture de la procédure et le versement s'effectuer dans les 5 jours de la demande (sinon les délais sont de 3 mois et 8 jours).

L'AGS peut se faire rembourser les sommes avancées : pour les créances super privilégiées, elle sera subrogée dans les droits des salariés ; pour les autres sommes, elle sera remboursée de la même façon que pour les créances antérieures au jugement d'ouverture.

Les rémunérations privilégiées sont celles dues pour les 6 derniers mois. Certaines indemnités énumérées par l'article 2104 du Code civil sont aussi couvertes *(ex. : indemnités de congés payés, de licenciement, etc)*.

Un superprivilège est même accordé aux rémunérations dues pour les 60 derniers jours de travail. Les rémunérations garanties sont limitées par un plafond qui ne peut être inférieur à deux fois le plafond retenu pour le calcul des cotisations sociales.

Foucher

Expliquez en quoi les salariés sont des créanciers particuliers.

Analyse d'une situation juridique

COMPÉTENCE ATTENDUE
- Identifier le stade de la procédure dans une situation donnée.

Liquidation judiciaire de la Camif

Mise en situation

Vous intervenez bénévolement dans le cadre d'une association de conseil aux consommateurs. Vous êtes chargé(e) de répondre au courrier postal et électronique. Le dossier CAMIF vous est confié.

TRAVAIL À FAIRE

Vous répondez aux questions qui vous ont été adressées, ce jour, par internet.

1 Pour quelle(s) raison(s) la Camif Particuliers et la Camif SA n'ont-elles pas fait l'objet du même traitement ?

2 Quelle est l'utilité de la déclaration de créance imposée aux créanciers ? En quoi les clients sont-ils concernés ?

3 Quel est l'objectif de l'information judiciaire souhaitée par les clients lésés ? En l'espèce, les dirigeants risquent-ils d'être condamnés ? Sur quel fondement ?

DOCUMENT 12

Camif Particuliers placée en liquidation judiciaire

Camif Particuliers, 780 salariés, filiale à 34 % du numéro trois français de la vente à distance Camif SA, a été placée lundi en liquidation judiciaire par le tribunal de commerce de Niort. « Camif Particuliers accuse un passif de près de 105 millions d'euros, perd chaque jour 120 000 euros et doit près de 10 millions d'euros : dans ces conditions, et sans repreneur potentiel, la cour a prononcé la liquidation judiciaire », a indiqué le tribunal.

La maison mère historique de la Camif, Camif SA, qui emploie 200 salariés, a, elle, été placée en redressement judiciaire avec une période d'observation de six mois.

Le tribunal de commerce de Niort a étudié le dossier du groupe de vente par correspondance, qui s'est déclaré jeudi en cessation de paiement, lundi matin pendant une audience d'une heure trente. Camif SA et Camif Particuliers, deux entités de la Camif, fondée en 1947 pour permettre aux enseignants de s'équiper après la guerre, ont fait état jeudi de « tensions de trésorerie » conjuguées à la crise économique. Outre Camif Particuliers, Camif SA possède plusieurs autres filiales – Camif Collectivités, Camif Habitat, Romactis, Léon Fargues – et emploie au total plus de 1 400 salariés.

AFP

DOCUMENT 13

L'UFC Que Choisir porte plainte

La fédération de l'UFC Que Choisir et ses associations locales ont reçu de très nombreux témoignages de consommateurs désemparés.

Ces témoignages révèlent des pratiques très préjudiciables pour les consommateurs, mises en œuvre par la Camif Particuliers alors qu'elle était déjà en très grande difficulté financière (des commandes effectuées quelques jours avant la liquidation, des refus de paiement en plusieurs fois). Certains clients font même état de commandes pour lesquelles le fournisseur leur a indiqué ne plus livrer la Camif Particuliers depuis plusieurs mois, faute de paiement.

www.quechoisir.com, 24 novembre 2008

DOCUMENT 14

Camif : ouverture d'une enquête préliminaire

Quel recours juridique pour ces clients floués ?

Isabelle Faujour, juriste à l'UFC Que Choisir, explique qu'ils « peuvent faire une déclaration de créance (avant le 26 décembre auprès de Maître Gilles DUTOUR, 4 rue de la gare – 79000 NIORT) qui sert à prévenir le liquidateur qu'on a une créance sur la société et à préserver ses droits pour être remboursé de la somme ».

Mais cette démarche a peu de chances d'aboutir, comme le précise Maître Fabrice Laffon, avocat qui travaille avec l'UFC Que Choisir : « Le gros problème, c'est que ce droit au remboursement n'est qu'un principe puisqu'au moment du partage de ce qui reste éventuellement des actifs de la société, on privilégie d'abord ce qu'on appelle les créanciers privilégiés, tel l'Ursaff, les salaires... ».

Le parquet de Niort a ouvert une enquête préliminaire après avoir reçu ces dernières semaines plusieurs centaines de plaintes de clients de la Camif. Avec cette liquidation, on estime à plus de 20 000 le nombre de clients qui n'ont pas reçu livraison de leurs commandes alors qu'ils ont payé tout ou partie du produit.

Pour Maxime Garcia, président de l'association de consommateurs « e-litige.com » qui demande l'ouverture d'une information judiciaire dans cette affaire, l'ouverture de cette enquête préliminaire est « un moyen supplémentaire pour les clients de récupérer leur argent. Il y a très peu à attendre de la déclaration de créance qui a été faite par les victimes auprès du liquidateur judiciaire qui a été nommé. Mais avec cette enquête préliminaire, et peut-être après cette information judiciaire, il y aurait moyen de récupérer l'argent et les dirigeants pourraient être amenés à rembourser les gens sur leurs biens propres. Ça, ça serait vraiment un point positif pour toutes les victimes ».

RMC.fr, le 19 novembre 2008

DOCUMENT 15

Code de commerce

Article L. 651-2

Lorsque la résolution d'un plan de sauvegarde ou de redressement judiciaire ou la liquidation judiciaire d'une personne morale fait apparaître une insuffisance d'actif, le tribunal peut, en cas de faute de gestion ayant contribué à cette insuffisance d'actif, décider que les dettes de la personne morale seront supportées, en tout ou partie, par tous les dirigeants de droit ou de fait ou par certains d'entre eux, ayant contribué à la faute de gestion. En cas de pluralité de dirigeants, le tribunal peut, par décision motivée, les déclarer solidairement responsables.

Les sommes versées par les dirigeants en application de l'alinéa 1er entrent dans le patrimoine du débiteur. Ces sommes sont réparties entre tous les créanciers au marc le franc.

Article L. 652-1

Au cours d'une procédure de liquidation judiciaire, le tribunal peut décider de mettre à la charge de l'un des dirigeants de droit ou de fait d'une personne morale la totalité ou une partie des dettes de cette dernière lorsqu'il est établi, à l'encontre de ce dirigeant, que l'une des fautes ci-après a contribué à la cessation des paiements :

1° Avoir disposé des biens de la personne morale comme des siens propres ;

2° Sous le couvert de la personne morale masquant ses agissements, avoir fait des actes de commerce dans un intérêt personnel ;

3° Avoir fait des biens ou du crédit de la personne morale un usage contraire à l'intérêt de celle-ci à des fins personnelles ou pour favoriser une autre personne morale ou entreprise dans laquelle il était intéressé directement ou indirectement ;

4° Avoir poursuivi abusivement, dans un intérêt personnel, une exploitation déficitaire qui ne pouvait conduire qu'à la cessation des paiements de la personne morale ;

5° Avoir détourné ou dissimulé tout ou partie de l'actif ou frauduleusement augmenté le passif de la personne morale.

Services à la personne : se lancer ?

Mme Dubois a une formation d'assistante sociale. Employée par Renault depuis plusieurs années, elle envisage une reconversion qui lui permettrait d'être plus autonome et aussi plus efficace dans son action sociale. Elle envisage de créer une entreprise de services à la personne.
Dans un premier temps, forte de son expérience et de sa connaissance des arcanes administratifs de l'aide sociale, elle envisage de proposer une aide administrative à toutes les personnes âgées, handicapées ou dépendantes, qui ne parviennent pas à se repérer dans la « jungle administrative » et ont du mal à gérer leur quotidien.
Si son idée séduit un assez grand nombre de « clients », elle entend développer ensuite d'autres services : aide ménagère (repassage, confection de repas, etc.), assistance médicale, mise à disposition de dames de compagnie ou de lecteurs pour malvoyants. Bien entendu, elle devra recruter le personnel compétent.
Mme Dubois est divorcée, elle a la garde de ses deux enfants âgés respectivement de 10 et 12 ans. Elle est propriétaire de sa maison, mais ne dispose d'aucun capital pour investir. Elle entend par ailleurs ne pas compromettre l'avenir de ses enfants dans des projets professionnels trop risqués.

TRAVAIL À FAIRE

À l'aide de vos connaissances et des recherches que vous avez effectuées (documents), vous répondez aux questions de Mme Dubois.

1 Quel est le statut juridique actuel de Mme Dubois ? Peut-elle librement cesser son activité chez Renault ? À quelles conditions ?

2 Un autoentrepreneur est-il un entrepreneur individuel ? Quel est l'intérêt de ce nouveau statut dans le cas de Mme Dubois?

3 À terme, si Mme Dubois abandonne son statut actuel pour se consacrer à son projet, lui conseillez-vous de rester en entreprise individuelle, d'opter pour le nouveau statut d'EIRL ou de créer une EURL ?

4 À plus long terme, en cas de développement important de l'activité, des transformations juridiques seraient-elles nécessaires ? Pourriez-vous expliquer à Mme Dubois les différences entre les deux statuts évoqués dans le document 4 (SARL et SAS) ?

› Document 1 : **Le métier d'assistant de service social**
› Document 2 : **Le statut d'autoentrepreneur**
› Document 3 : **Qu'est-ce que l'EIRL ?**
› Document 4 : **Amélis, une association devenue entreprise « pour grandir » !**

DOCUMENT 1

Le métier d'assistant de service social

L'activité de l'assistante de service social varie suivant le lieu et l'environnement dans lequel elle travaille : municipalité, conseil général, Éducation nationale (établissement scolaire), grande entreprise, association, hôpital, en milieu urbain ou rural. Le plus souvent, elle travaille en liaison avec d'autres professionnels : médecins, magistrats, éducateurs. Elle fait également le lien avec les services administratifs de mairie, les caisses d'allocations familiales.

Salaires/revenus

Les salaires et la carrière sont déterminés soit par des textes réglementaires pour les salariés qui travaillent dans le secteur public, soit par des conventions collectives pour ceux qui relèvent du secteur privé. Dans la fonction publique, le salaire brut mensuel de début se situe aux alentours de 1 400 € et dans les organismes de sécurité sociale aux environs de 1 800 €.

Évolution professionnelle

Avec de l'expérience professionnelle, l'assistant de service social peut accéder à des postes d'encadrement tels que responsable de circonscription d'action sociale, conseiller technique, directeur de services sociaux, directeur d'établissement.

Études/formations

La formation se fait en 3 ans dont 14 mois de stages.

– Diplôme d'État d'assistant de service social (DEASS) qui se prépare dans plus de 70 établissements.

– DUT carrières sociales option assistance sociale et une troisième année qui mène au diplôme d'État.

Pour travailler dans le service public et bénéficier du statut de fonctionnaire, il faut passer les concours administratifs après le diplôme d'État.

http://www.cidj.com

DOCUMENT 2

Le statut d'autoentrepreneur

Cumuler un emploi et une activité autonome est possible depuis le 1er janvier 2009 avec la mise en place du statut d'autoentrepreneur.

Ce nouveau statut a pour objectif de simplifier l'exercice de petites activités indépendantes, commerciales ou artisanales. Il est compatible avec d'autres statuts dont il est complémentaire : salarié en CDI ou CDD (du moment que l'obligation de loyauté et de non-concurrence vis-à-vis de l'employeur est respectée), demandeur d'emploi (avec le maintien des allocations chômage), retraité, étudiant… Un fonctionnaire peut se déclarer autoentrepreneur à condition d'avoir obtenu l'autorisation de son administration.

L'autoentrepreneur ne constitue pas une forme juridique, qui reste le statut de l'entreprise individuelle, mais seulement une simplification de la formalité de déclaration d'activité. Ce nouveau dispositif s'adresse donc aux personnes physiques souhaitant exercer en entreprise individuelle et ne concerne donc pas les autres statuts d'entrepreneurs, comme les gérants de société ou les professions libérales.

Souple, sans trop de formalités, il présente de nombreux avantages sociaux et fiscaux.

Des formalités simplifiées

L'autoentrepreneur est dispensé d'immatriculation au registre du commerce et des sociétés (RCS) pour les activités commerciales. Concernant les activités artisanales, depuis 2010, elles doivent faire l'objet d'une inscription au répertoire des métiers, mais l'autoentrepreneur est dispensé de tout frais d'inscription et du stage obligatoire de préparation à l'installation. En effet, pour démarrer une activité permanente ou occasionnelle, il suffit désormais d'une simple déclaration au centre des formalités des entreprises (CFE). Cette dispense s'applique tant que le chiffre d'affaires ne dépasse pas les limites de la micro-entreprise, soit 80 000 € pour une activité commerciale et 32 000 € pour les prestations de services. Si l'autoentrepreneur est par ailleurs salarié, il ne peut exercer la même activité en dispense d'immatriculation auprès des clients de son employeur qu'avec son accord.

Un nouveau régime fiscal et micro-social

Avec le régime micro-social, toutes les taxes (impôt sur le revenu compris) et charges sociales sont remplacées par un prélèvement social et fiscal libératoire forfaitaire, mensuel ou trimestriel, de l'ordre de 23 % du chiffre d'affaires dans les services et de 13 % pour une activité commerciale. Ce forfait qui couvre le règlement des cotisations sociales obligatoires et de l'impôt sur le revenu s'applique uniquement sur le chiffre d'affaires mensuel réel, c'est-à-dire réellement encaissé : s'il est nul, il n'y a ni déclaration, ni prélèvement. L'autoentrepreneur est également exonéré de taxe professionnelle pendant trois ans : l'année de création et les deux années suivantes.

Une comptabilité allégée

[Les autoentrepreneurs] peuvent simplement tenir au jour le jour un livre des recettes encaissées à titre professionnel, qui en mentionne le montant et l'origine, en distinguant les règlements en espèces des autres règlements. Les références des pièces justificatives (factures, notes, etc.) doivent y être indiquées.

pme.service-public.fr

DOCUMENT 3

Qu'est-ce que l'EIRL ?

Le statut de l'EIRL deviendra applicable à partir du début de l'année 2011.

L'EIRL permet à tout entrepreneur individuel, créateur ou qui exerce déjà une activité commerciale, artisanale, libérale ou agricole, quel que soit son chiffre d'affaires :

– de protéger ses biens personnels des risques liés à son activité professionnelle, notamment en cas de faillite, en affectant à son activité professionnelle un patrimoine (le « patrimoine affecté ») ; les créanciers professionnels de l'entrepreneur individuel ne peuvent poursuivre que le patrimoine affecté tandis que les autres créanciers ne peuvent poursuivre que le patrimoine non affecté ;

– sur option, d'acquitter l'impôt sur les sociétés sur les bénéfices dégagés par son activité.

Les autoentrepreneurs peuvent recourir à l'EIRL, au même titre que tout entrepreneur individuel.

Grâce à ce nouveau statut :

– l'entrepreneur individuel n'est pas tenu de créer une société pour protéger son patrimoine et sa famille ;

– l'esprit d'entreprise est encouragé, en évitant que la faillite d'une entreprise soit synonyme de ruine personnelle et familiale.

Comment créer l'EIRL ?

En effectuant une simple déclaration d'affectation auprès :

– du registre du commerce et des sociétés auquel vous êtes immatriculé, si vous exercez une activité commerciale ;

– du répertoire des métiers auquel vous êtes immatriculé, si vous exercez une activité artisanale ;

– du registre de votre choix, si vous êtes immatriculé à la fois au registre du commerce et des sociétés et au répertoire des métiers ;

– du registre tenu au greffe du tribunal statuant en matière commerciale du lieu de votre principal établissement, si vous n'êtes pas tenu de vous immatriculer à un registre de publicité légale (c'est-à-dire si vous exercez une activité libérale ou si vous êtes autoentrepreneur dispensé d'immatriculation) ;

– de la chambre d'agriculture compétente, si vous êtes exploitant agricole.

Vous pourrez également effectuer cette déclaration sur Internet à partir du site www.guichet-entreprises.fr

L'EIRL en difficulté

Une adaptation du Code de commerce est en cours pour permettre à l'entrepreneur ayant opté pour le statut de l'EIRL de bénéficier :

– de l'ensemble des procédures relatives aux difficultés des entreprises (prévention des difficultés des entreprises, mandat *ad hoc*, conciliation, sauvegarde, redressement judiciaire et liquidation judiciaire), en ce qui concerne son activité professionnelle ;

– de la procédure de surendettement des particuliers, en ce qui concerne son patrimoine non affecté.

www.pme.gouv.fr

DOCUMENT 4

Amélis, une association devenue entreprise « pour grandir » !

Amélis, une association spécialisée dans l'accompagnement des personnes âgées, qui prospérait depuis sa création en 2002, a été amenée à adopter le statut d'entreprise pour poursuivre le développement de son action sociale et en améliorer la qualité.

Née du constat d'un manque de structures spécialisées pour les personnes dépendantes alors que le vieillissement de la population va croissant, l'association avait développé dans le département des Yvelines une offre globale de services pour favoriser le maintien à domicile des personnes âgées, en assurant la coordination entre les divers besoins (accompagnement du retour à domicile après une hospitalisation, auxiliaire de vie, portage des repas, aide ménagère, soins à domicile, relation avec le médecin traitant, soutien psychologique à la famille, téléalarme) par un interlocuteur unique.

Le service à la personne est un secteur porteur qui poursuit son expansion malgré la crise. Plus de 100 000 emplois y sont créés chaque année depuis 2006. En 2009, les particuliers employaient 2 millions de salariés à domicile, tous services confondus, selon l'Agence nationale des services à la personne.

Amélis n'échappant pas à cette tendance a fait le choix, en 2005, du « social business » tel que défini par son fondateur Muhammad Yunus : les méthodes d'entreprise doivent devenir le moteur du projet social. Pour améliorer le financement de son action sociale, la développer et la professionnaliser, l'association a décidé de se transformer en SARL dans un premier temps en 2005, puis en société par actions simplifiée en 2009, passant sur cette même période de 50 à plus de 250 auxiliaires de vie au service de 1 500 familles (contre 70 en 2005). Pour faire bénéficier son activité sociale du savoir-faire commercial et des mécanismes de marché, le président-fondateur de l'association, Guillaume Staub, s'est adjoint en 2005 les services d'Amaury de la Serre et de Julien Delcour, qui avaient déjà monté plusieurs entreprises. Amélis avait alors le projet d'ouvrir une seconde agence à Paris et, à moyen terme, de développer un réseau en province. Mais la création d'une seule nouvelle agence nécessitait 250 000 euros d'investissements et, surtout, il fallait créer, pour professionnaliser l'activité, une « tête de réseau », une structure qui déchargerait les équipes du travail administratif afin d'atteindre l'objectif de 70 % du temps consacré aux familles.

Le choix du statut d'entreprise plutôt que d'association a ouvert la porte aux capital-risqueurs « *qui n'investissent pas dans les associations, mais dans les entreprises* », souligne M. Staub. Quant à l'avantage fiscal qui favorisait encore en 2002 les associations du secteur, il avait quasiment disparu avec l'entrée en vigueur de la loi Borloo de 2005 sur la professionnalisation des services à la personne.

« *À partir de 2008, on avait un modèle qui tournait bien sur les Yvelines. On a mis un an à lever les fonds, car les investisseurs sont encore peu coutumiers de l'économie sociale. On a pu moderniser la structure et développer l'activité – une deuxième plate-forme a été créée à Paris, une troisième ouvrira fin janvier dans les Hauts-de-Seine – et une notoriété d'enseigne commence à émerger : Amélis est aujourd'hui référencée dans les hôpitaux pour le retour à domicile des personnes âgées* », indique Amaury de la Serre.

Le maintien à domicile des personnes âgées est encore majoritairement assuré par le gré à gré et les associations. « *Il est pourtant plus facile pour une entreprise de garantir une qualité de services standardisée que pour un regroupement de petites structures indépendantes* », estime M. de la Serre.

Anne Rodier, *Le Monde*, 12 janvier 2010

LA NÉGOCIATION DU CONTRAT

12

COMPÉTENCE ATTENDUE

- Qualifier une situation précontractuelle ou contractuelle.

Volonté et contrat

La philosophie des Lumières professe que chaque homme est fondamentalement libre. Comment admettre dès lors – ce que paraît pourtant postuler la vie en société – que des individus puissent être assujettis à d'autres individus, que, par exemple, certains soient créanciers et d'autres débiteurs ? La réponse est simple : en faisant de la volonté la source essentielle de ces situations. Poser que l'homme est obligé uniquement parce qu'il l'a voulu, c'est encore respecter sa liberté… C'est dire que, dans cette conception, le contrat devient la source du droit, par excellence. La volonté pouvant se donner à elle-même sa propre loi, le contrat tire de la rencontre des volontés sa force contraignante. Aussi bien, pour désigner cette analyse, a-t-on utilisé à partir de la fin du XIXe siècle, l'expression « autonomie de la volonté », qui veut marquer, comme le montre bien son étymologie, que les individus peuvent par leur volonté se donner leur propre loi.

F. Terré, Ph. Simler et Y. Lequette, *Droit civil, les obligations*, Coll. « Précis », 10e édition, Dalloz, 2009

Pourparlers et contrat

Il est fréquent, avant de parvenir à un accord, que les parties à un contrat discutent entre elles, pendant un certain temps, des conditions de leurs engagements réciproques : c'est ce qu'on appelle la période des pourparlers.

Durant cette période, par hypothèse, les parties ne sont pas encore contractuellement engagées l'une envers l'autre. Le principe est donc, qu'à tout moment, elles peuvent, l'une comme l'autre, décider de ne pas poursuivre les pourparlers et reprendre leur entière liberté de négociation, avec notamment un autre partenaire.

Bien évidemment, la liberté de négociation ne doit pas dégénérer en abus de droit.

Aufilduddroit.over-blog.com

1 Recherchez des exceptions au principe d'autonomie de la volonté.

2 Le contrat se forme-t-il instantanément ou à la suite de négociations plus ou moins longues ?

Sommaire

I. L'AUTONOMIE DE LA VOLONTÉ

1 La liberté contractuelle

DOCUMENT 1

Le principe et ses conséquences

La liberté contractuelle a une double dimension, de fond et de forme. Quant au fond, elle s'exprime à travers une triple faculté : contracter ou ne pas contracter, choisir librement son cocontractant, déterminer librement le contenu du contrat.

Il n'y a pas d'obligation juridique de contracter. Nul n'est forcé d'entrer en relation avec ses semblables et chacun a le droit de refuser de céder les biens qui lui appartiennent ou de prendre à son service une personne dont il ne veut pas. Le refus de contracter n'est qu'une manifestation de la liberté.

Il appartient aux contractants, à l'issue d'un libre débat, de définir ce à quoi ils s'obligent. Certes, il peut exister des dispositions qui réglementeront le contenu de telle ou telle opération contractuelle classique. Mais présumées supplétives de volonté, elles ne jouent qu'en l'absence de volonté contraire des parties et sont censées traduire leur volonté tacite. La liberté contractuelle des parties ne se heurte qu'à un seul obstacle : les règles impératives. Encore celles-ci sont elles exceptionnelles, le législateur ne pouvant endiguer la volonté des parties que dans la mesure où cela est nécessaire à la sauvegarde de la liberté d'autrui.

Quant à la forme, la liberté contractuelle suppose le consensualisme. L'échange des consentements suffit à la conclusion du contrat.

F. Terré, Ph. Simler et Y. Lequette, *Droit civil, les obligations*, Coll. « Précis », 10e édition, Dalloz, 2009

Recherchez quelles sont les conséquences du principe de l'autonomie de la volonté au cours du contrat : le juge ou le législateur peuvent-ils modifier un contrat ?

DOCUMENT 2

Une application du principe d'autonomie de la volonté

M. Deschamps est propriétaire d'un champ qu'il n'est pas en mesure d'exploiter et qui s'est transformé en friche. Son voisin, M. Lebeuf, qui est propriétaire d'un cheval, souhaite également élever quelques moutons pour son usage personnel. Comme ses terres ne suffisent pas à nourrir ses animaux, il conclut avec M. Deschamps l'accord suivant.

M. Deschamps met son terrain à la disposition de M. Lebeuf pour y faire paître son cheval et ses moutons. Cette mise à disposition est gratuite dans la limite de trois moutons. Au-delà, M. Lebeuf devra verser une redevance composée :

– d'une partie en nature : la remise à M. Deschamps d'un mouton destiné à sa fête annuelle et l'autorisation de monter le cheval ;

– d'une partie en espèces comprenant une somme fixe par mouton, à laquelle s'ajoute une somme variable indexée sur le prix de la viande de mouton et sur le niveau général des prix à la consommation. Il est précisé qu'à défaut de paiement de cette redevance, la somme due portera intérêt au taux annuel de 25 %. Par ailleurs, M. Deschamps se décharge de toute responsabilité quant aux dommages éventuellement causés par les animaux.

1. Le principe d'autonomie de la volonté et de liberté contractuelle permet-il à ces deux agriculteurs de conclure ce type de convention ?
2. Leur liberté dans la fixation des conditions de l'accord est-elle totale ?
3. Recherchez des cas actuels d'application du principe d'autonomie de la volonté.

DOCUMENT 3

Logement étudiant : un rapport épingle les clauses abusives

Un rapport de la Direction générale de la concurrence et de la répression des fraudes (DGCCRF), dont rend compte *Le Parisien* lundi 30 août, a relevé des « pratiques déloyales » et des « clauses abusives » dans les contrats de logement pour les étudiants.

Selon le quotidien, les services de la répression des fraudes ont contrôlé au second semestre 2009 les contrats et les offres commerciales dans dix-neuf villes universitaires. Le constat est accablant : publicité mensongère, tromperie sur les caractéristiques du logement, limitation de la responsabilité du bailleur, interdiction d'héberger des amis ou d'avoir un animal familier, résiliation du bail sans préavis, conservation du dépôt de garantie en cas de résiliation… « *Nous n'avons pas trouvé un seul contrat ne comportant pas au moins une anomalie* », affirme au *Parisien* un spécialiste de l'immobilier à la DGCCRF.

Lemonde.fr avec AFP, 30 août 2010

1. Qu'est-ce qu'une clause abusive ? Quel est l'objectif de la réglementation ?
2. Dans quels types de contrats ces clauses sont-elles insérées ?
3. Comment ces clauses sont-elles réglementées ? Quelles sont les sanctions encourues ?
4. Quel est le fondement juridique de cette réglementation ? Recherchez d'autres exemples d'atteintes à la liberté contractuelle.

DOCUMENT 4

L'assurance automobile obligatoire

La loi vous impose d'assurer ce que l'on appelle votre « responsabilité civile » (également appelée garantie « au tiers »). Cette garantie permet d'indemniser les dommages matériels et corporels que votre véhicule peut causer à un tiers. Tout contrat d'assurance automobile contient obligatoirement cette garantie.

www.maison-facile.com

➔ À quel aspect du principe d'autonomie de la volonté cette règle fait-elle exception ?

DOCUMENT 5

Conditions générales de livraison

Les présentes conditions générales régissent l'ensemble des relations Monoprix avec ses clients, lesquels sont réputés les accepter expressément dès la première livraison.

Article 1 : la livraison

Monoprix ne livre ses produits que dans les zones, conditions (horaires, frais) et délais précisés en magasin. Les délais de livraison s'entendent à partir de l'heure de prise en charge de la livraison par le personnel du magasin ou du prestataire de livraison. Pour toute demande de livraison différée, et sous réserve qu'elle soit possible dans le magasin concerné, un créneau de deux heures est à prévoir à partir de l'heure demandée par le client. Une livraison standard se compose d'un maximum de trois caddies et de huit packs de liquide (eau, jus de fruit, soda) hors vins et alcools […].

Monoprix

1. Qui a rédigé ce document ?
2. Le client a-t-il la possibilité d'en discuter les termes ?
3. Ce document est-il une illustration du principe d'autonomie de la volonté ?

2 Le consensualisme

DOCUMENT 6

Le contrat réel

La remise de la chose étant une condition de formation du contrat de prêt demeuré un contrat réel, lorsque celui-ci a été consenti par un particulier, c'est à l'emprunteur de rapporter la preuve du non-versement de la somme litigieuse.

Cour de cassation, 1re chambre civile, 19 juin 2008

1. Définissez le contrat de prêt : quelle est sa nature juridique ?
2. À quel principe du droit des contrats fait-il exception ?
3. Recherchez pour quelle raison la Cour précise qu'il s'agit d'un prêt entre particuliers.

DOCUMENT 7

Le contrat solennel

Le propriétaire d'un petit pavillon dont la toiture a été fortement endommagée à la suite d'une tempête manque de liquidités pour faire effectuer les réparations. Sa banque refusant de lui prêter les fonds nécessaires, il s'adresse à un ami qui accepte de lui verser l'argent, moyennant une garantie. Un acte sous seing privé est établi qui constate le prêt et accorde à l'ami prêteur une hypothèque sur le pavillon, en garantie de sa créance.

1. Distinguez entre les deux conventions en fonction de leur qualification juridique.
2. Les conditions nécessaires à leur validité sont-elles réunies ?

DOCUMENT 8

L'écrit obligatoire : l'article L. 330-3 du Code de commerce

Alinéa 1 : Toute personne qui met à la disposition d'une autre personne un nom commercial, une marque ou une enseigne, en exigeant d'elle un engagement d'exclusivité ou de quasi-exclusivité pour l'exercice de son activité, est tenue, préalablement à la signature de tout contrat conclu dans l'intérêt commun des deux parties, de fournir à l'autre partie un document donnant des informations sincères, qui lui permette de s'engager en connaissance de cause.

Alinéa 3 : Lorsque le versement d'une somme est exigé préalablement à la signature du contrat mentionné ci-dessus, notamment pour obtenir la réservation d'une zone, les prestations assurées en contrepartie de cette somme sont précisées par écrit, ainsi que les obligations réciproques des parties en cas de dédit.

1. Quels sont les contrats visés par l'article L. 330 du Code de commerce ?
2. L'exigence d'un écrit fait-elle de ces contrats des contrats solennels ?
3. Quelle peut être la sanction de l'absence d'écrit ?

II. LA PÉRIODE PRÉPARATOIRE

1 La période précontractuelle

DOCUMENT 9

Les pourparlers

L'image d'un contrat qui se forme en « un instant de raison » par la rencontre de l'offre et de l'acceptation, si elle correspond à une bonne part de la vie contractuelle, notamment aux contrats de la vie courante, ne rend cependant pas compte de la totalité de celle-ci. Lorsque les intérêts en jeu sont considérables, la conclusion du contrat est presque toujours précédée d'une longue période de négociation, ponctuée d'accords préparatoires…

Lorsque la négociation est longue et délicate, les intéressés éprouvent parfois le besoin de marquer une pause et de dresser le bilan des points sur lesquels ils sont d'ores et déjà d'accord. La terminologie utilisée pour désigner cette pratique est flottante… Mais au-delà de cette diversité sémantique, les problèmes juridiques sont les mêmes :

1) le contrat se formant alors par étapes, par couches successives, quel est le seuil qui sépare les pourparlers de la conclusion du contrat ? En d'autres termes, quand le point de non-retour est-il atteint ?

2) à supposer que l'accord de principe ne vaille pas conclusion du contrat définitif, quels sont les effets qui en découlent ?

F. Terré, Ph. Simler et Y. Lequette, *Droit civil, les obligations*, Coll. « Précis », 10e édition, Dalloz, 2009

1 Imaginez les discussions qui peuvent intervenir avant la conclusion d'un contrat.

2 Quelle est la nature juridique des pourparlers ?

3 Quels sont les agissements qui mériteraient d'être sanctionnés ?

DOCUMENT 10

La rupture des pourparlers

Une société civile immobilière (SCI) a engagé avec un fonds d'investissement des pourparlers afin de lui vendre un immeuble.

Dès l'origine, les parties sont d'accord sur les conditions et les éléments substantiels de la vente : elles avaient négocié de façon constructive pendant six mois, durée importante justifiée par les enjeux en présence (acquisition projetée pour 20 millions d'euros). Ces négociations s'étaient déroulées sous un régime d'exclusivité qui avait été prorogé compte tenu de leur caractère fructueux et de leur état d'avancement. Puis la SCI avait rompu ces négociations, de façon brutale, imprévisible, pour des motifs s'avérant être des prétextes alors que les parties étaient arrivées au stade ultime des négociations, un projet d'acte ayant été élaboré, et qu'aucune difficulté n'avait été soulevée. En réalité, la SCI négociait parallèlement avec un autre acquéreur dont elle avait accepté l'offre d'achat le surlendemain de la rupture.

La cour d'appel de Versailles (10 septembre 2009) a déduit de ces circonstances que la SCI avait rompu de manière fautive les pourparlers et l'a condamnée à payer à la victime de la rupture 145 400 euros, correspondant aux frais occasionnés par les négociations et leur préparation (honoraires de consultants et d'avocats, frais de déplacement).

Bulletin rapide de droit des affaires 2009, n° 24, Éditions Francis Lefebvre

1 Sur quel fondement la victime de la rupture demande-t-elle des dommages-intérêts ?

2 Que sanctionnent ces dommages-intérêts ?

2 Les avant-contrats

DOCUMENT 11

Le devis

Les professionnels sont tenus d'établir un devis détaillé, conforme aux dispositions d'un arrêté du 2 mars 1990, préalablement à l'exécution des travaux, dès lors que leur montant estimé est supérieur à 150 euros, pour prestations de dépannage, réparations, entretien, installation sanitaire, etc.

Même lorsqu'il n'est pas obligatoire, le devis doit mentionner : le prix des pièces ou des matériaux, leur quantité et qualité, le prix de la main-d'œuvre, la TVA, la date de début et la durée estimée des travaux. Peuvent également figurer la période de validité de l'offre et éventuellement les conditions de révision du prix.

www.minefi.gouv.fr

1 Définissez ce qu'est un devis ; à quelle catégorie juridique se rattache-t-il ?

2 La rétractation de l'une ou de l'autre des parties est-elle possible ?

DOCUMENT 12

Rétractation d'une offre

Le 24 juin 2000, une personne avait fait une offre d'achat pour un appartement et avait versé un dépôt de garantie au propriétaire, puis elle s'était rétractée par lettre recommandée du 26 juin.

Pour condamner le propriétaire à restituer le dépôt de garantie, la cour d'appel de Pau avait estimé que la rétractation était valable dès lors qu'elle intervenait avant que ce dernier n'accepte l'offre par lettre recommandée du 27 juin.

La Cour de cassation (3e chambre civile, 7 mai 2008) a cassé cette décision au motif que l'offre accordait au propriétaire du bien un délai expirant le 27 juin 2000 pour donner son accord et qu'il en résultait que l'auteur de l'offre s'était engagé à maintenir celle-ci jusqu'à cette date.

Cour de cassation, 3e chambre civile, 7 mai 2008

1 Qualifiez cette offre d'achat.

2 Le candidat acquéreur pouvait-il se rétracter le 26 juin ? Quels sont les arguments de la cour d'appel et ceux de la Cour de cassation ?

DOCUMENT 13

Modification de l'offre

Je suis passé par la société T-On-Line, fournisseur d'accès de Club Internet, qui m'a imposé gratuitement, pendant six mois, un service de sécurité informatique. Mais au bout de ces six mois de gratuité, l'offre s'est prolongée par tacite reconduction, avec cette fois, 4 euros à régler par mois. Je n'ai jamais signé de document mentionnant que je m'engageais sur ce service. Puis-je refuser de payer les 4 euros exigés ?

Que choisir ? n° 446, mars 2007

1 Analysez la situation : avant la tacite reconduction ; après celle-ci.

2 Que peut faire l'abonné ?

COMPÉTENCE ATTENDUE
- Qualifier une situation précontractuelle ou contractuelle.

Les offres et les promesses de contrat

Mise en situation

La société « Batitout » souhaite étendre son activité et, à cette fin, elle envisage l'acquisition d'un hangar de stockage de matériaux de construction. À l'issue de pourparlers portant sur l'achat à la société « Toutavendre » d'un hangar qui semble adapté à ses besoins, la société « Batitout » hésite entre diverses formules types d'avant-contrats. Afin d'éclairer sa décision, elle vous demande de lui préciser les avantages et les inconvénients de chacune des formules existantes.

TRAVAIL À FAIRE

En vous référant aux documents ci-dessous, vous rédigerez une note dans laquelle vous étudierez les points suivants.

1 Vous qualifierez et comparerez les différents actes juridiques proposés. Pour chacun d'eux, vous préciserez qui est tenu d'acheter et qui est tenu de vendre.

2 Vous déterminerez dans chaque hypothèse quelle est la portée de l'engagement de chacune des parties et quelles sont les conséquences juridiques de l'inexécution, par celles-ci, de leurs obligations.

DOCUMENT 14

Les arrhes

La Sté A promet à la Sté B de vendre…

La Sté A promettante reconnait avoir reçu de la Sté B, bénéficiaire, la somme de… euros à titre d'arrhes. Conformément à l'article 1590 du Code civil, chacune des parties pourra se refuser à l'exécution des engagements pris par elle en vertu des présentes.

Dans ce cas, la Sté B, bénéficiaire, devra abandonner définitivement à la Sté A le montant des arrhes versées et si, en revanche, le refus est le fait de la Sté A, celle-ci devra immédiatement remettre à la Sté B le double de la somme reçue à titre d'arrhes.

Si aucune des parties n'use de la faculté de dédit, la somme versée à la Sté A sera considérée comme un acompte sur le prix convenu.

DOCUMENT 15

Promesse unilatérale de vente

Par acte authentique en date du ...... M. X... a promis de vendre à la SA T... un appartement pour le prix principal de... payable comptant le jour de la signature de l'acte authentique constatant la réalisation de la vente. Par lettre recommandée, la SA T... a levé l'option de la promesse de vente dans les délais fixés ; un rendez-vous a été fixé pour la passation de l'acte notarié, auquel le vendeur, M. X..., ne s'est pas présenté. En conséquence, la SA T... a fait assigner le vendeur en passation forcée de l'acte authentique.

Par jugement du 25 janvier 2006, confirmé en appel, le tribunal de grande instance de Bordeaux a déclaré la vente parfaite à la suite de la levée de l'option intervenue dans les délais fixés, ordonné la passation de l'acte authentique, dit qu'à défaut le jugement vaudrait titre de propriété et serait publié comme tel à la conservation des hypothèques. Le vendeur est en outre condamné à payer à la SA T... 300 euros de dommages-intérêts.

Cour d'appel de Bordeaux, 17 juillet 2008

DOCUMENT 16

Promesse synallagmatique de vente

Par acte sous seing privé, un compromis de vente était signé entre Mme X... et M. C..., portant sur une parcelle de terrain. Une somme de 10 000 euros était consignée par l'acquéreur. Cette promesse prévoyait qu'en cas de non-réalisation de la vente par la faute ou le fait de l'acquéreur, M. C..., à la date prévue, la somme versée le jour de la signature de la promesse resterait acquise au vendeur à titre de clause pénale, forfaitaire et irréductible, quinze jours après la mise en demeure de réaliser la vente par acte notarié, demeurée sans effet.

M. C... ne répondant pas à la convocation pour la signature de l'acte authentique, Mme X... demande au tribunal de déclarer la vente parfaite, d'ordonner la comparution de l'acheteur sous astreinte et d'obtenir l'attribution, à titre d'indemnité d'immobilisation, de la somme consignée. M. C... fait appel, au motif que la promesse de vente aurait dû être enregistrée. La cour d'appel décide :

– que, le compromis étant un engagement réciproque de vendre et d'acheter, il constitue une promesse synallagmatique de vente et non une promesse unilatérale. Il en résulte qu'elle n'avait pas à être enregistrée ;

– que le défaut de signature de l'acte notarié étant imputable à l'acquéreur, la somme de 10 000 euros est acquise au vendeur.

Cour d'appel de Nîmes, 10 juin 2008

DOCUMENT 17

La levée de l'option

Une option consiste en la faculté de choisir entre plusieurs situations. Ainsi, le bénéficiaire d'une promesse unilatérale de vente (un acheteur) a une option : soit il se décide à acheter le bien, soit il renonce à cet achat. Le promettant (le vendeur), au contraire, s'engage envers le bénéficiaire à conclure le contrat de vente définitif si celui-ci manifeste sa volonté d'acquérir en levant l'option dans le délai contractuellement fixé : il n'a pas de choix. Jusqu'au terme convenu par les parties pour l'exercice du droit d'option du bénéficiaire, le promettant est tenu à deux obligations :

– d'une part, il s'engage à ne pas conclure la vente avec un autre acheteur (qui lui offre un prix plus intéressant, par exemple) ;

– d'autre part, il s'engage à conclure la vente avec le bénéficiaire, si ce dernier lève l'option. S'il se rétracte avant la levée de l'option, il doit des dommages-intérêts à l'acheteur.

Les promesses prévoient le plus souvent le versement d'une « indemnité d'immobilisation » par le bénéficiaire, qui reste acquise au vendeur s'il ne lève pas l'option. Lorsque la vente est réalisée, l'indemnité d'immobilisation se transforme en acompte sur le prix de vente.

Foucher

LA FORMATION DU CONTRAT

13

COMPÉTENCE ATTENDUE

- Apprécier l'opportunité, la validité et les effets juridiques d'arrangements contractuels.

Contracter, c'est vouloir

Le consentement est, d'abord, fondamentalement, une opération mentale, une disposition intérieure. Après avoir délibéré en elle-même, pesé le pour et le contre, chaque partie va décider, ou non, de s'engager. La lumière de l'intelligence vient éclairer l'énergie de la décision… En bref, le consentement requiert l'aptitude à comprendre, c'est-à-dire l'intelligence, et l'aptitude à se décider, c'est-à-dire la volonté.

Mais le consentement ne pourra donner naissance à un contrat que s'il est extériorisé, de telle sorte que l'autre partie puisse en prendre connaissance… C'est-à-dire que le consentement est à la fois quelque chose qui se pense – c'est la volonté interne – et quelque chose qui s'exprime – c'est la volonté déclarée.

F. Terré, Ph. Simler et Y. Lequette, *Droit civil, les obligations*, Coll. « Précis », 10e édition, Dalloz, 2009

La durée dans les contrats

Aux termes de l'article 1780 du Code civil, relatif au contrat de louage de personnes, « on ne peut engager ses services qu'à temps ou pour une durée déterminée ». La doctrine déduit de ce texte un principe général de prohibition des engagements perpétuels, qui peuvent être définis comme des contrats dans lesquels l'un des contractants s'engage pour sa vie entière. La prohibition de ce type de contrat s'explique par la nécessité de préserver la liberté individuelle, qui serait aliénée plus que de raison si une personne s'engageait jusqu'au restant de ses jours vis-à-vis d'une autre. L'engagement perpétuel semble cependant parfois tolérable lorsque l'atteinte à la liberté individuelle n'est pas à craindre, ce qui est le cas notamment souvent des personnes morales, en particulier des personnes morales de droit public, lesquelles sont guidées au contraire par le principe de continuité du service public.

Muriel Fabre Magnan, *Droit des obligations I Contrat et engagement unilatéral*, Thémis droit, 2e édition, 2010

1. Quelle est la différence entre une convention et un contrat ? entre un acte unilatéral et un contrat ?
2. Quelle est la classification des contrats fondée sur la durée ?
3. Pour former un contrat, suffit-il que des volontés saines existent ?
4. Quelles sont les autres conditions de formation du contrat, en dehors de la rencontre des volontés ?

Sommaire

I. LES CONDITIONS DE FORMATION DU CONTRAT

1 Les conditions tenant au consentement des parties

DOCUMENT 1

La représentation

La soussignée :

La société A…, SARL au capital de 10 000 euros, immatriculée au registre du commerce et des sociétés sous le n° B……….

dont le siège social est situé…..

Représentée par son gérant M. L……..

Donne pouvoir à la société B….., SARL au capital de 20 000 euros, immatriculée au registre du commerce et des sociétés sous le n° B…..

dont le siège social est situé………………

Représentée par son gérant, M. N…..

– de recouvrer auprès de P…. ….., débiteur, demeurant……

la somme de…. euros, représentant la facture n°……

– de recevoir tous intérêts échus ou à échoir, ainsi que tous frais et accessoires ;

– le cas échéant, déduire du montant de cette créance tous versements qui auraient pu être faits par le débiteur antérieurement ;

– à défaut de paiement et en cas de difficultés quelconques, exercer toutes poursuites devant tous tribunaux compétents, citer et comparaître, traiter, transiger et compromettre, obtenir tous jugements et arrêts, exercer toutes voies de recours, ou s'en désister, procéder à toutes voies d'exécution, notamment la saisie immobilière ; produire à tous ordres et distributions et toucher le montant des collocations ;

– de toutes sommes reçues donner quittance, donner tous titres et pièces, en donner quittance et décharge.

Le mandant est tenu d'exécuter les engagements contractés par le mandataire, conformément aux pouvoirs qui lui ont été conférés ci-dessus et dans la limite de l'objet du contrat. Il ne peut être engagé pour les actes du mandataire excédant ceux-ci, sauf en cas de ratification express ou tacite de sa part.

Le mandataire s'engage à effectuer les démarches et les actes permettant de réaliser au mieux le recouvrement de ses créances par le mandant :

– il s'oblige à faire apparaître sa qualité de mandataire vis-à-vis des tiers dans le cadre de l'exécution de son mandat, en produisant, si nécessaire, le pouvoir à toute réquisition des tiers ;

– il s'interdit de réaliser des actes au nom et pour le compte du mandant dépassant l'objet du mandat et les pouvoirs confiés ci-dessus.

– Il s'engage à rendre compte de sa gestion à l'expiration du contrat et à informer périodiquement son mandant sur l'état d'avancement de sa mission ;

– dans les trente jours de la cessation du contrat, le mandataire s'engage à rendre compte au mandant de tout ce qu'il a reçu et payé en sa qualité de mandataire et dans l'accomplissement de sa mission de représentation. Il restituera les pièces et documents en sa possession appartenant au mandant et reçus dans le cadre de l'exécution de son mandat.

Fait à ……… le …………., en deux originaux

Le mandant

Le mandataire

1 De quel contrat s'agit-il ? Le mandataire peut-il se substituer une autre personne dans l'exécution du mandat ?

2 Ce contrat est-il gratuit ou onéreux ? Quelles sont les obligations des parties ?

3 Qui accomplit les actes énumérés par la procuration ? À qui ces actes profitent-ils ?

4 Citez des cas de représentation légale.

DOCUMENT 2

La promesse de porte-fort

Un mari vend un bien propre de sa femme et se porte fort envers l'acquéreur que sa femme ratifiera la vente.

1. Quelles sont les obligations de la femme ? du mari ?
2. Que se passe-t-il si la femme ne ratifie pas la vente ? Celle-ci est-elle réalisée malgré tout ? Le mari est-il responsable ?
3. Comparez la promesse de porte-fort et le mandat.

DOCUMENT 3

La réticence dolosive

Le propriétaire d'une maison d'habitation située en zone rurale, sachant qu'un parc d'éoliennes allait être implanté à proximité, la vend en se gardant d'en informer l'acquéreur. Celui-ci, mis plus tard au courant du projet, demande la nullité de la vente pour réticence dolosive. La cour de Rennes (18 mars 2010) prononce la nullité de la vente aux motifs suivants :

– le vendeur savait que l'acquéreur avait le projet de créer des chambres d'hôte et recherchait un environnement de qualité ;

– le vendeur connaissait l'état avancé du projet d'implantation des éoliennes et les nombreuses contestations qu'il suscitait ; sa réticence à informer l'acquéreur démontrait ses craintes quant aux conséquences éventuelles d'une telle révélation et le caractère intentionnel de son omission ;

– au moment de la vente, les projets d'implantation de parcs éoliens étaient encore très novateurs et ne faisaient pas partie de ceux sur lesquels un acheteur normalement diligent avait l'obligation de s'informer préalablement à son acquisition.

Bulletin rapide de droit des affaires 2010, n° 8, Éditions Francis Lefebvre

1. Comparez les éléments constitutifs du dol et de la réticence dolosive.
2. Le dol peut-il être l'œuvre de l'acquéreur ?

DOCUMENT 4

La contrainte économique

Une société spécialisée dans la préparation et l'exploitation des voitures de course possède deux voitures en mauvais état. En vue de faire participer ces voitures à une prochaine course, elle les confie à un garagiste pour les remettre en état, mais des difficultés financières ne lui permettent pas de régler le coût des réparations. Pour obtenir son paiement, le garagiste profite de l'imminence d'une course pour faire pression sur la société en pratiquant une saisie sur les voitures suivie d'une mise sous séquestre. Il suspendra ces mesures pendant la course si la société accepte de signer un engagement de payer une partie de la facture s'élevant à 910 000 euros. La société accepte, la course a lieu, puis la société demande l'annulation de cette transaction pour violence.

La cour d'appel de Paris (18 février 2010) rejette sa demande pour les motifs suivants :

– les contractants étaient des professionnels avertis ;

– le seul fait de l'existence d'une créance contestée et la mise en œuvre d'une saisie régulière ne suffisent pas à caractériser l'état de dépendance économique ;

– il n'est pas démontré que l'absence de participation à la course aurait conduit la société à la faillite ;

– la société n'avait pas contesté la saisie et elle avait exécuté la transaction après la course.

Bulletin rapide de droit des affaires 2010, n° 17, Éditions Francis Lefebvre

1. De quel type de violence s'agit-il ?
2. Quelles sont les conditions de mise en œuvre de ce type de violence ?

DOCUMENT 5

L'erreur

Une personne participant à un vide-grenier vend une aquarelle anonyme pour vingt euros. Puis, en feuilletant une revue, elle reconnaît l'aquarelle qui est présentée comme l'œuvre disparue d'un peintre connu. Invoquant son erreur sur la valeur de l'objet vendu, elle demande la nullité de la vente.

À supposer qu'il s'agisse bien de l'aquarelle originale et non d'une copie sans valeur, la vente peut-elle être annulée ?

2 Les conditions tenant aux autres éléments du contrat

DOCUMENT 6

L'objet de l'obligation

Article 1129 du Code civil : « Il faut que l'obligation ait pour objet une chose au moins déterminée quant à son espèce. La quotité de la chose peut être incertaine, pourvu qu'elle puisse être déterminée. »

1. Qu'est-ce que la « chose » objet de l'obligation ?
2. Qu'entend-on par « quotité » de la chose ?

DOCUMENT 7

Sanctions des conditions de formation du contrat

	Sanctions des conditions de formation du contrat	Titulaire de l'action
Nullité absolue	1. Absence de consentement, d'objet, de cause 2. Illicéité de l'objet et de la cause 3. Cause immorale 4. Objet indéterminé 5. Erreur sur : – la nature du contrat – l'identité de l'objet – la cause 6. Absence de forme des contrats solennels et réels	Tout intéressé : – les contractants – leurs héritiers – leurs ayants cause particuliers – les tiers ayant intérêt à l'annulation
Nullité relative	1. Vices du consentement : – erreur sur la substance – erreur sur la personne (contrats *intuitu personae*) – dol du contractant – violence du cocontractant ou d'un tiers 2. Incapacité : – mineur, majeur en tutelle ou en curatelle : actes accomplis sans les autorisations nécessaires – insanité d'esprit	– Victime de l'erreur, du dol ou de la violence – Le mineur, le majeur, devenus capables – Le représentant de l'incapable, pendant la durée de l'incapacité – Le malade mental – Ses héritiers après son décès

Foucher

Comparez les deux causes de nullité.

1. Quelles sont les causes d'extinction de ces actions en nullité ?
2. Quels sont les résultats de ces actions en nullité ?

II. LE CONTENU DU CONTRAT

1 Les clauses implicites

DOCUMENT 8

L'obligation de résultat

Le locataire d'un appartement situé dans un immeuble collectif fait une chute en utilisant l'ascenseur de l'immeuble en raison d'une différence de plusieurs centimètres entre le niveau d'arrêt de l'ascenseur et celui du rez-de-chaussée. Afin d'obtenir une indemnité réparant le préjudice qu'il a subi du fait de l'accident, il intente une action en responsabilité contractuelle contre le bailleur.

La Cour de cassation a décidé « que celui qui est chargé de la maintenance et de l'entretien complet d'un ascenseur est tenu d'une obligation de résultat en ce qui concerne la sécurité ».

Cour de cassation, 3e chambre civile, 1er avril 2009

1 Qu'est-ce qu'une obligation de résultat ? À quel autre type d'obligation s'oppose-t-elle ?

2 Quelles sont les caractéristiques de ces deux types d'obligations ?

3 Pourquoi cette obligation est-elle qualifiée d'implicite ?

4 Dans quels autres contrats la jurisprudence détecte-t-elle une obligation de résultat ?

DOCUMENT 9

L'obligation légale d'information

Toute personne qui met à la disposition d'une autre personne un nom commercial, une marque ou une enseigne en exigeant d'elle un engagement d'exclusivité doit fournir, préalablement à la signature du contrat, un document donnant des informations sincères qui lui permettent de s'engager en connaissance de cause (article L 330-3 du Code de commerce).

Un franchisé à l'égard de qui le franchiseur n'avait pas satisfait à cette obligation lui demande des dommages-intérêts.

La cour d'appel rejette sa demande au motif que le défaut d'information précontractuelle du franchisé est sanctionné par la nullité du contrat. À l'inverse, sur pourvoi, la chambre commerciale de la Cour de cassation (27 janvier 2009) a jugé que le franchisé, qui n'est pas à l'origine du manquement du franchiseur, peut demander des dommages-intérêts et non l'annulation du contrat.

Bulletin rapide de droit des affaires 2009, n° 6, Éditions Francis Lefebvre

1 Comparez les conditions de l'annulation du contrat et celles de l'attribution de dommages-intérêts.

2 Un vice de consentement peut-il être invoqué à l'appui d'une telle demande en nullité ? Lequel ?

DOCUMENT 10

La bonne foi dans le contrat

Article 1134 du Code civil : « Les conventions doivent être exécutées de bonne foi ».

Article 1147 du Code civil : « Le débiteur est condamné […] encore qu'il n'y ait aucune mauvaise foi de sa part ».

Article 1135 du Code civil : « Les conventions obligent, non seulement à ce qui y est exprimé, mais encore à toutes les suites que l'équité, l'usage ou la loi donnent à l'obligation d'après sa nature ».

1 Qu'entend-on par « bonne foi » ? par « mauvaise foi » ?

2 La bonne foi peut-elle être rapprochée de notions voisines, tels que la loyauté, l'obligation d'information, le dol, l'abus ?

3 Ces diverses notions n'ont-elles pas pour but d'introduire une certaine moralité dans le contrat ? Existe-t-il d'autres notions ayant ce même objectif ?

4 En vous inspirant des documents précédents, pouvez-vous dire que la bonne foi n'est exigée qu'au stade de l'exécution du contrat ?

2 Les clauses expresses

DOCUMENT 11

Les clauses limitatives de responsabilité

Une agence spécialisée dans le renseignement commercial conclut avec ses abonnés des contrats spécifiant :
– d'une part, qu'elle s'engage à leur communiquer des données économiques et financières sur leurs clients potentiels, à les analyser et à apprécier le risque commercial encouru ;
– d'autre part, qu'elle n'encourt aucune responsabilité, sauf faute lourde ou dol, pour le préjudice direct ou indirect causé aux abonnés par l'utilisation, l'analyse ou la diffusion d'informations inexactes, incomplètes ou obsolètes. Dans l'hypothèse où sa responsabilité serait établie, l'indemnisation serait limitée au remboursement partiel de l'abonnement.

Un abonné qui avait livré des marchandises à un client sur la base d'une appréciation favorable de l'agence, émise sans réserve, alors que ces informations étaient périmées et que le client était en état de cessation de paiements, demande à l'agence le remboursement des livraisons impayées par son client.

La cour d'appel de Versailles (25 mars 2010), sur renvoi de la Cour de cassation, déclare que la clause est non écrite au motif que l'étendue des cas d'exonération vidait de tout effet l'obligation de renseignement et le devoir de conseil incombant à l'agence, obligations essentielles attachées à ce contrat de prestation de services.

Bulletin rapide de droit des affaires 2010, n° 17, Éditions Francis Lefebvre

1 En analysant les motifs de l'arrêt, déterminez à quelles conditions est subordonnée la validité d'une clause d'exonération ou de limitation de responsabilité.

2 Recherchez des exemples de contrats prévoyant de telles clauses.

DOCUMENT 12

La durée du contrat

Un contrat ayant pour objet l'entretien **d'un immeuble** contient la clause suivante : « Le présent contrat est conclu pour la durée **de l'immeuble** ».

1 Qualifier ce contrat.

2 Quelles conséquences peut-on en tirer ?

3 Ce contrat pourrait-il être conclu pour cinquante ans ? quatre-vingts ans ? Pourquoi ?

4 Dans l'hypothèse où une telle durée aurait été prévue, quelle est la sanction ?

DOCUMENT 13

La clause de réserve de propriété

La clause de réserve de propriété concerne les ventes à crédit. Elle doit avoir été convenue entre les parties dans un écrit établi au plus tard au moment de la livraison (Code de commerce, article L.621-122). En application de la clause, le vendeur à crédit conserve la propriété du bien vendu jusqu'à complet paiement du prix de vente par l'acheteur. C'est donc une garantie qui lui permet de revendiquer le bien, à condition qu'il existe encore en nature, dans la procédure d'apurement du passif du son débiteur. Il échappe ainsi au paiement par contribution.

Mais que se passe-t-il lorsque l'acheteur a revendu le bien, au mépris de la clause ? La Cour de cassation a jugé que le vendeur initial a une action en paiement contre le sous-acquéreur.

Cour de cassation, chambre commerciale. 6 octobre 2009

1 À quel principe du droit de la vente cette clause déroge-t-elle ?

2 Comment cette clause est-elle appliquée dans les contrats à exécution successive ?

Analyse d'une situation juridique

COMPÉTENCE ATTENDUE
- Apprécier l'opportunité, la validité et les effets juridiques d'arrangements contractuels.

Les clauses contractuelles relatives au prix

Mise en situation

Afin d'assurer des débouchés à son entreprise ainsi que sa rentabilité sur une longue période, un fabricant de matériel agricole envisage de mettre au point un contrat type sur dix ans. Il hésite entre deux formules :
– soit la location des machines spécifiées au contrat (tracteurs, moissonneuses...) pour un loyer déterminé lors de la rédaction du contrat, puis le renouvellement du matériel tous les trois ans, accompagné d'une modification du loyer déterminée en fonction de ses tarifs à la date du renouvellement ;
– soit la vente du matériel et l'engagement de l'acheteur de conclure de nouveaux contrats de vente dès la mise sur le marché de nouveaux modèles, pour un prix de vente fixé pour chaque nouveau contrat, en fonction du tarif du fabricant, diminué d'une « ristourne de fidélité ».
Il vous demande des précisions sur ces deux formules.

TRAVAIL À FAIRE

En vous référant aux documents ci-dessous, vous rédigerez votre réponse en déterminant les éléments suivants.

1 La nature des deux contrats envisagés.

2 L'élément de formation du contrat qui est en cause.

3 Les conditions de formation de chacun de ces contrats.

4 Existe-t-il pour le fabricant d'autres procédés pour se prémunir contre une augmentation de ses prix de revient.

DOCUMENT 14

Détermination du prix de vente

– Article 1129 du Code civil : « Il faut que l'obligation ait pour objet une chose au moins déterminée quant à son espèce. La quotité de la chose peut être incertaine, pourvu qu'elle puisse être déterminée. » Le prix est l'une des « choses », objet de l'obligation. Il doit être déterminé ou déterminable ; le texte ne contient aucune précision quant aux modes de détermination.

– Article 1591 du Code civil : « Le prix de la vente doit être déterminé et désigné par les parties. » Il n'est pas nécessaire que le montant soit fixé dans la convention, il suffit qu'il puisse être déterminé, en vertu des clauses du contrat, par voie de relation avec des éléments qui ne dépendent plus de la volonté ni de l'une, ni de l'autre des parties.

– Cour de cassation, assemblée plénière, 1er décembre 1995 : « Lorsqu'une convention prévoit la conclusion de contrats ultérieurs, l'indétermination du prix de ces contrats n'affecte pas, sauf dispositions légales particulières, la validité de celle-ci, l'abus dans la fixation du prix ne donnant lieu qu'à résiliation ou indemnisation. »

DOCUMENT 15

Existence du prix de vente

Le propriétaire d'un terrain comportant une carrière exploitée par un tiers s'était engagé à le vendre à une commune moyennant la somme de un franc, et le reversement par la commune de redevances d'exploitation en cas d'extension de la carrière ainsi que le transport des terres qu'il laissait sur le terrain.

Cette vente a été annulée pour absence de prix réel et sérieux. En effet, la commune ne donnait aucune contrepartie immédiate au cédant : l'obligation de restituer les redevances en cas de mise en exploitation de certaines parcelles, faute d'évaluation, ne pouvait constituer un prix ; le transport des terres ne pouvait davantage constituer une contrepartie sérieuse en l'absence d'évaluation ; enfin, la vente portait sur un bien immobilier d'une surface importante situé près de l'agglomération de Villefranche-sur-Saône.

Cour de cassation, 3e chambre civile, 23 mai 2007
Bulletin rapide de droit des affaires 2007, n° 12, Éditions Francis Lefebvre

DOCUMENT 16

Variation du prix

Code monétaire et financier

– Article 112-1 : «… l'indexation automatique du prix des biens et des services est interdite. »

– Article 112-2 : « Dans les dispositions statutaires ou conventionnelles, est interdite toute clause prévoyant des indexations fondées sur le salaire minimum de croissance, sur le niveau général des prix et des salaires, ou sur les prix des biens, produits ou services n'ayant pas de relation directe avec l'objet de la convention ou avec l'activité de l'une des parties. Est réputée en relation directe avec l'objet d'une convention relative à un immeuble bâti toute clause prévoyant une indexation sur la variation de valeur du coût de la construction ou, pour des activités commerciales définies par décret, sur la variation de l'indice trimestriel des locaux commerciaux… »

DOCUMENT 17

Insuffisance du prix

En 2006, Madame Delorme, âgée de 80 ans, a vendu à M. Leblanc une villa de deux étages d'une superficie totale de 120 m², située dans la région lyonnaise, pour une somme de 340 000 euros.

Trois mois après la signature de l'acte de vente, elle demande la rescision de la vente pour lésion de plus de 7/12, au vu d'un rapport d'expertise évaluant à 840 000 euros le prix de la villa.

L'acheteur, se fondant sur un arrêt de la Cour de cassation, prétend que la lésion doit être appréciée eu égard à l'état et à la valeur de l'immeuble au moment de la vente.

3e chambre civile, 17 juin 2009,
Bulletin rapide de droit des affaires 2009, n° 18, Éditions Francis Lefebvre

14

L'ÉVOLUTION DU CONTRAT

COMPÉTENCE ATTENDUE

- Apprécier l'opportunité, la validité et les effets juridiques d'arrangements contractuels.

De fait, à suivre la théorie de l'autonomie de la volonté, le contrat est revêtu d'une force obligatoire extrêmement rigoureuse. Les parties sont libres de s'engager ou non. Mais une fois formé, le contrat doit être exécuté tel quel. Ce que les parties ont voulu s'impose à elles, dans les conditions mêmes où elles l'ont voulu. Le contrat ne saurait être interprété que par référence à la commune intention des parties. Sa modification, sa suspension, sa révocation ne peuvent s'opérer que par le mutuel accord des volontés primitives. Ni le juge, ni même le législateur n'ont le pouvoir d'intervenir dans la vie contractuelle…

En principe, les contractants ne peuvent se dégager unilatéralement du lien contractuel. Il en va autrement lorsque la loi les y autorise ou que l'une ou l'autre partie s'est réservé dans le contrat primitif le droit d'y mettre fin par sa seule volonté…

Les contrats à durée indéterminée, c'est-à-dire les contrats à exécution successive conclus sans détermination de durée, impliquent, en principe, le pouvoir de se dégager unilatéralement. Se reliant à la prohibition des engagements perpétuels, la règle a pour but la sauvegarde de la liberté individuelle et la préservation de la libre concurrence…

Les contrats à durée déterminée, c'est-à-dire les contrats à exécution successive assortis d'un terme, ne peuvent, en principe, être l'objet d'une cessation anticipée résultant d'une manifestation unilatérale de volonté.

Terré, Simler, Lequette, *Droit civil, les obligations*, Précis Dalloz, 10e édition, 2009

ELLE

BULLETIN D'ABONNEMENT

À RETOURNER À ELLE
SERVICE ABONNEMENTS
BP 50002, 59718 LILLE CEDEX 9

Nom ....

Prénom ....

Adresse ....

....

....

Code postal

Ville ....

Pays ....

Adresse e-mail ....@ ....

Téléphone

Oui, je m'abonne à ELLE pour la durée que j'indique ci-dessous :

- **France,**

❒ **1 an (52 nos) : 89 € au lieu de 120,40 €***
❒ **6 mois (26 nos) : 46 € au lieu de 60,20 €***

* Prix de vente au numéro. **L1192**

- **Autres pays** (hors Suisse, Belgique, Canada, USA : voir ci-contre)**

Nous consulter au (33-1) 01 45 36 77 28.

RÈGLEMENT

❒ **Chèque bancaire ou postal à l'ordre de ELLE.**
❒ **Carte bancaire nos :**

Date d'expiration **mois** **année**

Signature :

** ATTENTION : pour tout abonnement en Belgique ou réglé en monnaie locale et à servir en Suisse, USA et Canada, voir tarifs abonnements ci-contre.
L'offre de 13 numéros gratuits ne concerne que l'abonnement d'un an France et ne concerne pas l'étranger.

Informatique et libertés : le droit d'accès et de rectification des données concernant les abonnés peut s'exercer auprès du Service abonnements. Sauf opposition formulée par écrit, les données peuvent être communiquées à des organismes extérieurs.

- En cas de changement d'adresse, envoyer nouvelle adresse avec ancienne étiquette d'expédition et prévoir deux semaines de délai.

TARIFS ABONNEMENTS
BELGIQUE, SUISSE, CANADA et USA

- **Belgique :** 52 nos : 109 € ; 26 nos : 56 €.
Bulletin d'abonnement et règlement à envoyer à : ELLE-Partner Press, 11, rue Charles-Parenté, 1070 Bruxelles. Tél. : (02) 556 41 40. Par chèque bancaire ou virement bancaire compte n° : 210-0980879-67.
- **Suisse :** 52 nos : 188 FS ; 26 nos : 96 FS.
Bulletin d'abonnement et règlement à envoyer à : Dynapresse Marketing S.A., 38, avenue Vibert, CH, 1227 Carouge. Tél. 022 308 08 08. Fax 022 308 08 59. e-mail : abonnements@dynapresse.ch
- **Canada :** par avion, 52 nos : $Can 329 ; 26 nos : $Can 169, TPS et TVQ non incluses. Bulletin d'abonnement et règlement à envoyer à : EXPRESS MAG/ELLE, 8155, rue Larrey, Anjou, Québec H1J 2L5. Tél. (514) 355-3333. Fax (514) 355-3332.
- **U.S.A. :** par avion, 52 nos : $ 269 ; 26 nos : $ 139. Bulletin d'abonnement et règlement à envoyer à : EXPRESS MAG/ELLE, PO Box 2769, Plattsburgh, N.Y. 12901-0239. Tél. : 1(800) 363-1310 ou (514) 355-3333. Fax (514) 355-3332.

Offre d'abonnement du magazine ELLE

1. Quels peuvent être les problèmes posés par les contrats à exécution successive ?
2. Quels peuvent être les conséquences de l'inexécution de ces contrats ?

Sommaire

I. L'EXÉCUTION DU CONTRAT

1 Les effets du contrat

DOCUMENT 1

Modification unilatérale du contrat

Quand j'ai acheté ma carte Grand Voyageur, voici plusieurs mois, les conditions générales qui m'ont été remises évoquaient la « souplesse d'accès à bord », la possibilité de « changer de TGV ou de CorailTéoz, sans changer de billet, une heure maximum avant ou après celui initialement réservé ». Mais profitant de la mise en place de sa nouvelle grille tarifaire, le 7 octobre dernier, la SNCF m'a informé par courrier que tout changement de billet le jour même du départ était désormais facturé 10 euros. Peut-elle m'imposer ces nouvelles règles en cours de contrat, ma carte n'arrivant à échéance qu'en janvier 2009 ?

Que choisir, n° 454, décembre 2007

1 Qualifiez les faits. À quel principe de formation du contrat cette pratique porte-t-elle atteinte ?

2 Quelles peuvent être les conséquences des modifications apportées par la SNCF ?

DOCUMENT 2

Rupture de l'équilibre économique du contrat

Une entreprise de transport s'engage, pour dix ans, envers un fabricant d'emballages en plastique, à livrer ces emballages en France et à l'étranger pour un prix fixé à l'avance. Au bout de deux ans, l'augmentation subite et considérable du prix des carburants rend la poursuite du contrat ruineuse pour le transporteur. Il demande à son client de revoir les tarifs de livraison en fonction des nouveaux prix des carburants. Sur le refus du client, il intente une action en justice tendant à une modification judiciaire du contrat.

1 Le client peut-il refuser de modifier le contrat ? Pour quels motifs ?

2 Le juge peut-il accéder à la demande du transporteur ?

3 Sur quels principes le client et le juge peuvent-ils fonder leur réponse ?

4 Dans quels types de contrats ce problème se pose-t-il ?

5 Comment nomme-t-on la théorie fondant la demande en révision ?

6 Quels arguments pourraient justifier la prise en compte de l'imprévision ?

7 Comment les parties peuvent-elles prévoir d'adapter le contrat aux modifications économiques ?

DOCUMENT 3

Modification du contrat par le juge

M. N… a donné à bail à Mme D… un local d'habitation moyennant un loyer mensuel de…., le contrat précisant que le loyer tenait compte de ce que la locataire participait de jour comme de nuit à la surveillance de l'immeuble ; M. N… est décédé. L'administrateur de la succession a alors assigné Mme D… aux fins de voir convertir « l'obligation de surveillance » en complément de loyer.

Cette demande a été déclarée recevable par la cour d'appel aux motifs qu'il résulte des clauses du bail que la mise à disposition du logement avait pour contrepartie le versement par la locataire d'une somme en espèces et l'exécution par elle d'une obligation de faire ; que, bien que le contrat n'ait pas prévu expressément le versement d'un complément de loyer dans le cas où l'obligation de surveillance ne serait plus possible, il convient, pour respecter l'équilibre contractuel, s'agissant d'un contrat à exécution successive, de substituer à l'obligation de surveillance devenue impossible une obligation financière équivalente.

La Cour de cassation, vu l'article 1134 du Code civil, casse l'arrêt au motif que le bail ne comportait aucune clause prévoyant la modification des modalités d'exécution du contrat.

Cour de cassation, 3e chambre civile, 18 mars 2009

1 En quoi la décision du juge d'appel est-elle contraire à l'article 1134 du Code civil ?

2 Quelles peuvent être les raisons qui ont motivé cette décision ?

DOCUMENT 4

Interprétation du contrat par le juge

Le contrat d'approvisionnement exclusif conclu entre un restaurateur et un fournisseur de café prévoyait que si la quantité de 960 kg de café à acheter par an pendant cinq ans n'était pas atteinte ou si le restaurateur cessait de s'approvisionner pour quelque motif que ce soit, le fournisseur pourrait lui facturer le nombre de kilos de café restant à fournir au jour de la résiliation. Le restaurateur ayant cessé de s'approvisionner, le fournisseur avait sollicité l'application de la clause.

Une cour d'appel avait rejeté sa demande au motif que l'absence de date sur le contrat ne permettait pas de fixer le point de départ de la prestation et, donc, le nombre de kilos de café restant à fournir. La Cour de cassation (chambre commerciale, 23 janvier 2007) a, au contraire, jugé que l'application de la clause ne nécessitait pas que soit connue la date de signature du contrat, mais seulement le nombre de kilos de café commandés par rapport à ce qui était prévu dans le contrat.

Bulletin rapide de droit des affaires 2007, n° 3, Éditions Francis Lefebvre

1. Quel est l'objet du litige ?
2. Quelles sont les règles d'interprétation prescrites par le Code civil ?

DOCUMENT 5

Effet relatif du contrat

Le propriétaire de deux immeubles voisins avait vendu l'un d'eux et s'était engagé envers l'acquéreur à ne pas exploiter de restaurant dans les locaux qu'il conservait. Il avait ensuite loué ceux-ci dans le cadre d'un bail qui interdisait au locataire l'activité de restauration.

Au mépris de cette interdiction, le locataire exploite un restaurant. L'acquéreur de l'immeuble bénéficiaire de la clause lui demande des dommages-intérêts. Considérant que le locataire avait commis une faute en exploitant son commerce de restauration, il est condamné à réparer le préjudice ainsi causé.

Cour de cassation, 3e chambre civile, 17 février 2010, *Bulletin rapide de droit des affaires 2010*, n° 6, Éditions Francis Lefebvre

1. Analysez la situation et distinguez les différents contrats et les parties à chacun d'eux.
2. Quelle est la qualité du locataire par rapport à l'acquéreur de l'immeuble : une partie ? Un tiers ?
3. Quelle est la nature de la responsabilité du locataire ?
4. Recherchez des exemples de situations où un tiers peut invoquer un contrat auquel il n'est pas partie.

2 Les clauses incitant à l'exécution du contrat

DOCUMENT 6

La clause pénale

Article 1226 du Code civil : « La clause pénale est celle par laquelle une personne, pour assurer l'exécution d'une convention, s'engage à quelque chose en cas d'inexécution ».

Article 1152 du Code civil, al. 1 : « Lorsque la convention porte que celui qui manquera de l'exécuter payera une certaine somme à titre de dommages-intérêts, il ne peut être alloué à l'autre partie une somme plus forte, ni moindre ».

Al. 2 : « Néanmoins, le juge peut, même d'office, modérer ou augmenter la peine qui avait été convenue, si elle est manifestement excessive ou dérisoire. Toute stipulation contraire sera réputée non écrite ».

1. Quelles sont les utilités de la clause pénale ? À quel moment cette clause est-elle stipulée ?
2. Quels sont les pouvoirs du juge ?

DOCUMENT 7

La réduction d'une clause pénale

Le propriétaire d'un fonds de commerce avait donné à un agent immobilier un mandat exclusif de vendre le fonds. Le contrat stipulait que le vendeur, s'il ne respectait pas l'exclusivité en confiant la vente de son fonds à d'autres agents immobiliers, devrait verser, à titre de clause pénale, une indemnité égale au montant des honoraires dus en cas de vente.

La cour d'appel de Paris (5 février 2009) a considéré que cette pénalité était manifestement excessive et disproportionnée avec les prestations fournies. Par suite, elle a réduit le montant dû en application de la clause de 150 000 à 36 000 euros.

Bulletin rapide de droit des affaires 2009, n° 7, Éditions Francis Lefebvre

1. À quel principe du droit des contrats la réduction de la clause pénale porte-t-elle atteinte ?
2. Le montant de la peine, après révision par le juge, peut-il être inférieur au préjudice subi par le bénéficiaire de la clause ?
3. En quoi la clause pénale diffère-t-elle d'une clause de dédit ?

DOCUMENT 8

La clause résolutoire

Ayant exactement retenu que, dès lors que le prix avait été converti en rente viagère, la rente n'était qu'une modalité de paiement du prix et qu'en s'abstenant de payer un terme de cette rente à son échéance, l'acheteur était défaillant dans son obligation de payer le prix au moment où il était exigible, la cour d'appel, qui a constaté que les acheteurs ne justifiaient pas du paiement des arrérages impayés dans le délai qui leur avait été imparti, en a déduit, à bon droit, que la clause résolutoire pour défaut de paiement du prix devait recevoir application.

Cour de cassation, assemblée plénière, 4 avril 2008

1. Qu'est-ce qu'une clause résolutoire ? Quelles sont ses caractéristiques, ses conditions d'application ?
2. À quel principe du droit des contrats fait-elle exception ?

DOCUMENT 9

Clause résolutoire et force majeure

Une société locataire d'une machine doit payer les loyers le 30 de chaque mois, par virement bancaire au moyen d'ordres de virement permanents. Le contrat de location prévoit qu'à défaut de paiement d'une échéance, la clause résolutoire sera acquise. Par suite d'un bogue informatique à la banque, une échéance n'est payée que le 6 du mois suivant. La date d'échéance n'ayant pas été respectée, le bailleur fait application de la clause résolutoire et fait délivrer un commandement de payer. Pour y résister, la société invoque la force majeure : le défaut de paiement ne lui est pas imputable, le bogue informatique étant un événement imprévisible, irrésistible et extérieur à son activité.

La Cour de cassation décide que ce bogue informatique présente les caractères de la force majeure et, en conséquence, fait échec à l'application de la clause résolutoire.

Cour de cassation, 3e chambre civile, 17 février 2010

1. Le juge a-t-il un contrôle sur les clauses résolutoires ?
2. Pourrait-il prendre en considération la bonne ou la mauvaise foi du créancier ?

II. L'INEXÉCUTION DU CONTRAT

1 L'inexécution partielle

DOCUMENT 10

Vices cachés et bonne foi

L'acheteur d'un bien immobilier avait demandé le remboursement d'une partie du prix d'achat, après avoir découvert l'existence de termites. La cour d'appel de Bordeaux lui avait alloué une somme correspondant au coût, chiffré par expert, des remèdes aux désordres constatés, augmenté du coût de la réparation de bâtiments annexes qui risquaient d'être également infectés.

La Cour de cassation (3e chambre civile), a cassé cette décision au motif que le vendeur, qui ignorait les vices du bien vendu, ne pouvait être tenu envers l'acquéreur qui conservait le bien qu'à la restitution partielle du prix et des frais occasionnés par la vente.

Bulletin rapide de droit des affaires 2009, n° 10, Éditions Francis Lefebvre

Article 1644 et 1646 du Code civil : « En cas de vice caché, l'acheteur peut soit rendre le bien et se faire restituer le prix, soit garder le bien et se faire rendre une partie du prix, arbitrée par expert. Le vendeur qui ignorait les vices de la chose doit seulement restituer le prix et rembourser à l'acheteur les frais occasionnés par la vente. »

1 Qu'est-ce qu'un vice caché ?

2 Qu'est-ce qu'un vendeur de bonne foi ?

DOCUMENT 11

Livraison défectueuse

De passage à Limoges, M. Vayre fait l'acquisition d'un service en porcelaine d'une valeur de 500 euros ; il verse un acompte de 200 euros et se le fait expédier à son domicile, à Strasbourg. Lorsque le colis parvient à destination, M. Vayre le déballe et constate que le service qu'il contient ne correspond pas au modèle qu'il a choisi et est d'une valeur moindre.

1 Qualifiez la situation.

2 Quels sont les recours de M. Vayre ? Peut-il demander la résolution de la vente ? Quelles en seront les conséquences ? Peut-il refuser de payer le solde tant que le vendeur ne lui a pas envoyé un produit conforme à sa commande ? Peut-il conserver le service et demander une diminution du prix ?

DOCUMENT 12

Vices cachés et défaut de conformité

M. X.… charge un garagiste de lui fournir une voiture d'occasion. Il précise qu'il tient absolument que l'année de mise en circulation soit 2005 et qu'une révision complète, plus approfondie que le contrôle technique obligatoire, soit effectuée par le concessionnaire de la marque.

– Le garagiste lui livre une voiture qui, après vérification par M. X.… des numéros de moteur et de série, révèle que la date de mise en circulation est en réalité 2003.

– Le garagiste livre une voiture qui est bien de 2005. À l'usage, M. X.… constate des défauts de freinage. Par ailleurs une révision par un concessionnaire à l'initiative de l'acheteur montre que la voiture a été accidentée et mal réparée.

Foucher

1 En quoi ces deux situations diffèrent-elles ? Qu'ont-elles en commun ?

2 Quels seront les recours de l'acheteur dans chacune d'elles ?

2 L'inexécution totale du contrat

DOCUMENT 13

Exécution forcée : l'astreinte

Une SCI a du retard dans la livraison des appartements à leurs bénéficiaires ; elle est condamnée par le juge à effectuer cette livraison dans un délai déterminé, faute de quoi elle devra payer une somme importante par jour de retard, à titre d'astreinte. La livraison a effectivement lieu, mais après expiration du délai fixé par le juge. En conséquence, à la demande des bénéficiaires, le juge liquide l'astreinte. La SCI conteste cette décision, au motif qu'elle a exécuté son obligation. La Cour de cassation (2e chambre civile, 8 décembre 2005) a décidé que, constatant le retard dans l'exécution, la cour d'appel avait légalement justifié sa décision de liquider l'astreinte.

1 Qu'est-ce qu'une astreinte ? Quel est son rôle ?

2 Quels sont les pouvoirs du juge en matière d'astreinte ?

3 Comparez l'astreinte et la clause pénale.

DOCUMENT 14

Inexécution totale de l'obligation de livraison

Une entreprise qui soumissionne à un appel d'offres fait appel à un transporteur rapide pour acheminer le pli contenant sa réponse à cet appel. Le pli parvient à son destinataire après la clôture de l'offre et l'entreprise est éliminée. L'expéditeur intente une action en responsabilité contre le transporteur, qui lui propose de lui rembourser le prix du transport, conformément au contrat type général applicable aux transports publics routiers de marchandises.

La Cour de cassation (10 mars 2009) décide que la limitation de responsabilité doit être écartée, compte tenu de la faute lourde du transporteur : il a livré le pli à une mauvaise adresse et entre les mains d'une personne qui n'en n'était pas le destinataire, confondant ainsi une société d'autoroutes avec l'association organisatrice du Festival de Cannes !

Lettre Omnidroit, n° 44, 1er avril 2009

1 Comment définit-on la faute lourde ?

2 Qui est chargé de son appréciation ?

3 Quelles sont les conséquences de l'existence d'une faute lourde ?

DOCUMENT 15

Refus de renouvellement d'un contrat

Les propriétaires d'un « mobil home » l'ont installé sur un terrain de camping en vertu d'un contrat de location, à durée déterminée d'un an, renouvelable d'année en année par tacite reconduction. L'exploitant du camping notifie aux propriétaires sa décision de ne pas renouveler le contrat à l'expiration de la période d'un an en cours, en respectant le formalisme prévu au contrat, notamment le délai de préavis.

Lettre Omnidroit, n° 52, 27 mai 2009

1 Qu'est-ce que la « tacite reconduction » ?

2 Comparez non-renouvellement du contrat et résiliation.

3 La décision de non renouvellement doit-elle être motivée ?

Analyse d'une situation juridique

COMPÉTENCE ATTENDUE
- Apprécier l'opportunité, la validité et les effets juridiques d'arrangements contractuels.

L'exécution des contrats à exécution successive

Mise en situation

La société « Tout en plastic » fabrique des objets en matière synthétique. En vue d'assurer la continuité de ses ventes, elle envisage de passer avec la grande distribution un contrat d'une durée de douze ans prévoyant des livraisons régulières, tout en se réservant la possibilité de mettre fin au marché par anticipation, dans le cas où elle y aurait intérêt : client plus intéressant, prix plus élevés, quantités plus importantes, délais de règlement plus courts notamment. Elle vous demande de la conseiller pour la rédaction de ce contrat.

TRAVAIL À FAIRE

En vous référant aux documents ci-dessous, vous rédigerez à l'intention de la société « Tout en plastic », une note dans laquelle vous lui exposerez :

1 Les divers types de contrats qui peuvent lui être proposés.

2 À quelles conditions elle pourra y mettre fin.

DOCUMENT 16

Le plus mobile, c'est le loyer !

Je suis actuellement propriétaire d'un mobile home situé dans un camping en Picardie. Je loue la parcelle 1 160 euros par an pour un forfait week-end plus cinq semaines par an. La propriétaire du camping a décidé de construire une piscine (sans demander l'avis des campeurs) et va donc augmenter ses loyers de 600 euros par an. Que puis-je faire contre cette augmentation excessive ?

Le contrat de location a été conclu pour un an, renouvelable.

60 millions de consommateurs, n° 431, octobre 2008

DOCUMENT 17

Rupture d'un contrat à durée indéterminée

Une société demande des dommages-intérêts à sa banque qui a clôturé ses comptes courants sans justification. La cour d'appel rejette la demande de la société. Sa décision est confirmée par la Cour de cassation (26 janvier 2010), aux motifs qu'« en l'absence de disposition légale particulière, toute partie à un contrat à durée indéterminée peut, sans motiver sa décision, mettre fin unilatéralement à celui-ci sauf à engager sa responsabilité en cas d'abus ». La Cour relève qu'en l'espèce la société n'établissait pas que la décision de la banque, assortie d'un délai de préavis de 90 jours, suffisant à lui permettre de retrouver un autre banquier, procédait d'un motif illégitime ou d'une volonté de nuire.

Bulletin rapide de droit des affaires 2010, n° 5,
Éditions Francis Lefebvre

DOCUMENT 18

Refus de résiliation

J'ai souscrit l'an dernier un contrat d'abonnement de télésurveillance. Aujourd'hui, je change de région et vends mon appartement. J'ai donc informé la société de télésurveillance de ma volonté de résilier mon abonnement. Celle-ci refuse, exigeant son paiement jusqu'au terme initialement prévu au contrat pour « une période irrévocable et indivisible de 48 mois ». N'est-ce pas abusif ?

Que choisir, n° 457, mars 2008

DOCUMENT 19

Rupture d'un contrat à durée déterminée

Une société spécialisée dans la fabrication et la commercialisation de matériels de biotechnologie avait rompu, avant son terme, le contrat à durée déterminée qui la liait à une société chargée du nettoyage de ses locaux. La cour d'appel de Versailles (6 novembre 2008) décide que la rupture du contrat avant son terme est légitime, en raison du manquement grave à ses obligations par la société de nettoyage :

– sur une période de quatre mois, les prestations ont été interrompues à douze reprises ;

– elle n'avait lavé les vitres qu'une fois en un an, alors qu'elle s'était engagée à le faire chaque mois ;

– les conditions d'hygiène douteuse des locaux avaient conduit les clients à s'interroger sur le sérieux et le professionnalisme de leur partenaire.

Bulletin rapide de droit des affaires 2009, n° 3,
Éditions Francis Lefebvre

DOCUMENT 20

Rupture brutale de relations commerciales établies

Un négociant en vins qui participait depuis plusieurs années à la Foire de Paris avait reçu un courrier l'informant que le salon serait réservé aux producteurs à l'exclusion des négociants en vin. Ce négociant a alors engagé une action contre l'organisateur pour rupture brutale de relations commerciales établies sur les fondement de l'article L. 442-6,I-5° du Code de commerce. L'organisateur avait soutenu que les parties n'étaient pas dans une relation commerciale établie car la location ponctuelle d'un stand sur un salon ne pouvait pas être assimilée à un courant d'affaires entre des partenaires économiques. En outre, il avait informé le négociant dans un délai raisonnable et suffisant compte tenu du caractère annuel de la Foire.

Cour de cassation, chambre commerciale,
15 septembre 2009,
Bulletin rapide de droit des affaires 2009, n° 18,
Éditions Francis Lefebvre

LES RELATIONS CONTRACTUELLES AVEC LA PERSONNE PUBLIQUE

15

COMPÉTENCE ATTENDUE

- Qualifier une situation contractuelle impliquant une personne publique.

Particularités des contrats administratifs

Le contrat administratif est un acte de nature contractuelle. En ce sens, il se rapproche du contrat de droit privé. Sa nature administrative amène des particularités, puisqu'il a pour objet une mission de service public et que l'administration dispose dans l'exécution du contrat de prérogatives de puissance publique…

L'administration peut dans certaines circonstances passer des contrats de droit privé. La majeure partie du temps, les contrats passés ont un caractère administratif. La qualification administrative revêt une importance capitale. Elle a deux conséquences essentielles : l'une porte sur la nature du contrat, l'autre sur l'application d'un droit dérogatoire du droit commun, le droit administratif…

Christophe Etien, *Droit administratif général*, Foucher, 2007

Vel'Abri 92 : exemple d'un futur abri à vélos dans les Hauts-de-Seine

La conclusion des contrats administratifs

Comme tout acteur économique, les personnes publiques doivent veiller, en particulier lorsqu'elles concluent des contrats, à ne pas porter une atteinte excessive à la libre concurrence et en particulier à éviter de mettre leurs cocontractants dans la position d'abuser d'une position dominante sur un marché… Mais, en leur qualité de personnes publiques, dont les organes dirigeants sont issus le plus souvent du suffrage, les administrations sont réputées ne pas agir spontanément comme des opérateurs économiques avisés, aptes à choisir l'offre économiquement la plus avantageuse, dans un souci d'efficacité et de protection des deniers publics. Aussi, afin d'assurer la liberté d'accès aux contrats publics et l'égalité de traitement des candidats à la commande publique, les pouvoirs publics ont mis progressivement en place des textes encadrant la passation des contrats administratifs. Par ailleurs le juge administratif exerce un contrôle de l'action contractuelle publique au travers de la vérification de la validité des contrats administratifs et de la légalité des actes qui en sont détachables.

Christophe Cantié, *Droit administratif*, Hachette, 2007

1. Quelles sont les caractéristiques du contrat administratif ?
2. Recherchez des exemples de contrats administratifs.

Sommaire

I. NOTION DE CONTRAT ADMINISTRATIF

1 Critères du contrat administratif

DOCUMENT 1

La clause exorbitante

Le critère de la clause exorbitante n'est pas parfaitement clair. Certains arrêts y voient une clause qui n'est pas « usuelle » dans les rapports entre particuliers [...] ; d'autres la définissent comme la clause « ayant pour effet de conférer aux parties des droits ou de mettre à leur charge des obligations étrangères par leur nature à celles qui sont susceptibles d'être librement consenties par quiconque dans le cadre des lois civiles et commerciales » [...] ; on a pu y voir également la clause fondée directement sur des motifs d'intérêt général.

M. Long, P. Weil, G. Braibant, P. Delvolué, B. Genevois, *Les Grands arrêts de la jurisprudence administrative*, Collection des grands arrêts, série droit Public, Dalloz, 16e édition, 2007

1 Par référence à quelle grande division du droit la clause exorbitante est-elle définie ?

2 Recherchez des exemples de clauses exorbitantes.

DOCUMENT 2

Société Briançon Bus

« Considérant que la transaction conclue par une personne morale de droit public est, en principe, un contrat de nature civile, sauf si elle met en œuvre des prérogatives de puissance publique ou aboutit à la participation à une mission de service public... ;

Que la transaction litigieuse tendait principalement à mettre fin à une pluralité de litiges entre, d'une part, la ville de Briançon et, d'autre part, la société Briançon Bus, nés de la mise en place, par la collectivité locale, de deux lignes de transport public de voyageurs exploitées par une société d'économie mixte, en concurrence avec la société de droit privé qui exploitait une ligne identique ; que ces litiges, consécutifs à la mise en œuvre par la commune de ses pouvoirs d'organisation du service public de transport de voyageurs, ressortissait à la compétence du juge administratif [...] »

Tribunal des conflits, 18 juin 2007

1 Quelle était la nature juridique des deux parties : de droit privé ? de droit public ?

2 Qu'est-ce qu'une transaction ?

3 Quels sont les critères appliqués par le Tribunal des conflits pour déterminer la nature administrative ou privée d'une convention ?

DOCUMENT 3

Société HLM Un toit pour tous

« Considérant qu'il résulte des clauses de la convention entre la société d'HLM Un toit pour tous et le Crous de Montpellier que celui-ci est tenu de sous-louer des logements exclusivement à des étudiants et à des personnes répondant à certaines conditions pour être logées en résidence universitaire ; que cette convention a ainsi eu pour objet l'exécution même du service public de logement des étudiants et revêtait en conséquence le caractère d'un contrat administratif ; que, par suite, cette convention ne pouvait être regardée comme un bail locatif HLM de droit commun [...] »

Conseil d'État, 8 octobre 2010

Place de la Comédie, Montpellier

➜ Comparez ce document au document 2 ci-dessus : les mêmes critères du contrat administratif sont-ils utilisés ?

2 Différents contrats administratifs

DOCUMENT 4

L'exécution de travaux publics

« Considérant que la création d'une unité de production d'eau de source, visant à promouvoir le développement économique et l'emploi sur le territoire communautaire, répond à un but d'intérêt général ; que les travaux litigieux avaient donc le caractère de travaux publics ; que le litige né de l'exécution d'un marché de travaux publics relève de la compétence de la juridiction administrative [...].

Tribunal des conflits, 8 juin 2009

M. A... a été victime d'un accident de la circulation pour s'être pris dans des câbles tendus à travers une rue, pour le compte D'EDF. Considérant qu'EDF est désormais une société de droit privé, le Tribunal des conflits a décidé : considérant... que ces travaux n'étaient pas réalisés pour le compte d'une personne publique ; qu'ils n'étaient pas non plus réalisés par une personne publique et ne portaient pas sur un ouvrage public ; qu'ils n'avaient dès lors pas le caractère de travaux publics [...].

Tribunal des conflits, 6 avril 2009

Comparez ces deux arrêts : donnent-ils la même définition des travaux publics relevant de la compétence administrative ?

DOCUMENT 5

Les marchés publics

« Considérant que les litiges relatifs à la passation, à l'exécution et au règlement de contrats pris en application du Code des marchés publics, passés par une personne morale de droit public pour répondre aux besoins de celle-ci en matière de travaux, de fournitures ou de services, relèvent de la compétence des juridictions administratives [...] »

L'article 2 de la loi n° 2001-1168 portant mesures urgentes de caractère économique et financier (loi Murcef) détermine cette compétence à compter de son entrée en vigueur.

Tribunal des conflits, 17 décembre 2007

1 Quelle est la définition du marché public résultant de cet arrêt ?

2 Y a t-il un lien entre marché public et travaux publics ?

DOCUMENT 6

Le service public

Sur la notion de service public, la décision « ministre de l'Agriculture » est assez explicite. Le service public y est défini par la conjonction de trois éléments : une mission d'intérêt général... ; un organe chargé de la mettre en œuvre... ; des prérogatives spéciales conférées à cet organisme... Ainsi se trouvent réunies... les deux notions fondamentales du but du service public et des procédés exorbitants du droit commun. Mais elles sont dissociables : il peut y avoir service public sans prérogatives de puissance publique... et prérogatives de puissance publique sans service public.

Les Grands Arrêts de la jurisprudence administrative, Dalloz 2007

1 Recherchez des exemples de services publics.

2 Recherchez des exemples de prérogatives de puissance publique.

II. RÉGIME DU CONTRAT ADMINISTRATIF

1 Formation des contrats administratifs

DOCUMENT 7

L'appel d'offres ouvert : schéma de la procédure

I. DOSSIER DE CONSULTATION établi par l'administration et composé :
– de l'acte d'engagement comprenant :
• l'identification de la partie contractante
• l'objet du marché
• le prix de l'offre
• la référence au cahier des charges
• la durée d'exécution
• les délais de paiement
• la date de notification du marché
– du cahier des charges, qui détermine les conditions d'exécution et comprend :
• les documents généraux : clauses relatives aux travaux, fournitures, etc.
• les documents particuliers : emploi des personnes, protection de l'environnement, etc.

II. PUBLICITÉ : publication d'un avis d'appel d'offres à la concurrence
Par insertion au *Bulletin officiel des annonces publiques* ou au *Journal officiel* de l'Union européenne.
Fait courir un délai de 52 jours minimum pour permettre aux entreprises de remettre leur offre

III. ENVOI DU DOSSIER DE CONSULTATION aux candidats qui veulent présenter une offre

IV. TRANSMISSION DE LEUR OFFRE PAR LES CANDIDATS, dans deux enveloppes :
• l'une pour les documents concernant la candidature (expérience, capacités techniques, professionnelles, financières)
• l'autre contenant les documents concernant l'offre

V. RÉCEPTION DES PLIS, enregistrés à la date et dans l'ordre d'arrivée

VI. SÉLECTION DES CANDIDATURES par la commission d'appels d'offres
• Exclusion des offres irrecevables (incomplètes, tardives, etc.). Les plis ne sont pas ouverts
• Examen des documents compris dans la première enveloppe et élimination des offres non conformes ou irrégulières

VII. INFORMATION DES CANDIDATS dont la candidature est rejetée

VIII. Ouverture de la seconde enveloppe, analyse des offres, classement par ordre décroissant et choix du « mieux-disant »

IX. INFORMATION DES CANDIDATS dont la candidature est rejetée

X. ATTRIBUTION DU MARCHÉ au candidat dont l'offre est retenue

XI. SIGNATURE DU MARCHÉ et contrôle de légalité

XII. NOTIFICATION par envoi au candidat retenu d'une copie signée du marché. L'exécution du marché peut commencer

XIII. PUBLICITÉ *A POSTERIORI* de l'avis d'attribution

1 Quels sont les motifs de cette réglementation ?

2 Quelle est la sanction de son inobservation ?

DOCUMENT 8

La rupture de pourparlers

Considérant que les litiges concernant la gestion du domaine privé des collectivités locales relèvent, en principe, de la compétence des tribunaux judiciaires ;

Considérant que la société Fraday a introduit à l'encontre de la commune de Gujan-Mestras une action tendant à l'indemnisation de son préjudice qu'elle impute à la rupture abusive par la commune des pourparlers engagés entre elles et relatifs à la réalisation d'un complexe d'activités multiples sur un terrain faisant partie du domaine privé de la collectivité publique ;

Considérant que le litige a pour objet la responsabilité extra-contractuelle de la commune, encourue à l'occasion de la gestion de son domaine privé, en raison de la rupture de pourparlers qui n'avaient pas trait à l'exercice d'une mission de service public sur le domaine privé ; que, dès lors, indépendamment du caractère administratif ou civil du contrat envisagé, il relève de la compétence de la juridiction judiciaire.

Tribunal des conflits, 24 avril 2006

1. Qu'entend-on par « domaine privé » ?
2. La solution aurait-elle été identique si le litige avait porté sur le domaine public ?
3. En vous reportant à la négociation des contrats de droit privé (voir ci-dessus, chapitre 12), imaginez la solution que donnera la jurisprudence judiciaire.

DOCUMENT 9

Limites de la compétence des autorités administratives

Une route communale dessert un ensemble immobilier donné à bail à un entrepreneur en bâtiment qui l'utilise pour son exploitation en y faisant circuler des camions de tonnage important. Le maire de la commune prend un arrêté interdisant la circulation sur ce chemin des véhicules de plus de 3,5 tonnes, ce qui rend impossible l'exploitation de l'entreprise de bâtiment, qui est obligée de déménager ses installations. Le propriétaire exerce un recours contre la décision du maire.

Le Conseil d'État a relevé que le maire était compétent en matière de réglementation de la circulation dans la commune ; que le chemin rural supportait une fréquentation conséquente composée de véhicules poids lourds et présente, dans sa portion faisant l'objet de la mesure de police, une chaussée d'une largeur maximale de 3,60 mètres dont l'étroitesse fait obstacle au croisement de deux véhicules ; que des accidents de la circulation mettant, notamment, en cause des poids lourds se sont produits sur cette voie ; que l'arrêté répond aux exigences de la sécurité publique ; que la sécurité des usagers ne pouvait être assurée par des mesures de police moins rigoureuses ou contraignantes que la mesure d'interdiction prise par le maire ; que la mesure, rendue nécessaire par les exigences de la sécurité publique n'a pas porté une atteinte excessive aux libertés d'aller et venir et du commerce et de l'industrie ni au droit de propriété ; que la possibilité laissée aux véhicules agricoles de circuler sur le chemin litigieux ne porte pas une atteinte illégale au principe d'égalité devant la loi ; que la circonstance que d'autres voies communales présentant des caractéristiques similaires ne feraient pas l'objet d'une mesure identique d'interdiction de la circulation est sans influence sur la légalité de l'arrêté contesté.

Conseil d'État, 4 octobre 2010

1. Analysez cet arrêt. Vous en déduirez les conditions nécessaires à la validité d'un acte administratif.
2. L'entreprise a-t-elle la possibilité de demander une indemnisation de son préjudice ?

2 Fin du contrat

DOCUMENT 10

Modification unilatérale du contrat

L'État a concédé une ligne de tramways devant desservir la ville de Marseille, conformément à un cahier des charges précisant le nombre et les heures des trains. Puis l'État modifie par arrêté certaines clauses du cahier des charges pour adapter le service aux horaires d'été. La Compagnie concessionnaire saisit le Conseil d'État d'une demande tendant à l'annulation de cette décision préfectorale modifiant unilatéralement les termes du contrat de concession.

Le Conseil d'État a décidé que l'arrêté a été pris par le préfet dans les limites des pouvoirs qui lui sont conférés, lesquels impliquent pour l'administration le droit, non seulement d'approuver les horaires des trains au point de vue de la sécurité et de la commodité de la circulation, mais encore de prescrire les modifications et les additions nécessaires pour assurer, dans l'intérêt du public, la marche normale du service ; qu'ainsi la circonstance que le préfet aurait, comme le soutient la Compagnie des tramways, imposé à cette dernière un service différent de celui qui avait été prévu par les parties contractantes n'est pas de nature à entraîner à elle seule l'annulation de l'arrêté préfectoral ; qu'il appartiendrait seulement à la Compagnie de présenter une demande d'indemnité en réparation du préjudice qu'elle établirait lui avoir été causé par une aggravation ainsi apportée aux charges de l'exploitation.

Conseil d'État, 11 mars 1910

1. Quels sont les arguments qui justifient la modification unilatérale du contrat ?
2. Quelles sont les conséquences éventuelles de cette modification ?
3. À quel principe du droit des contrats cette décision déroge-t-elle ?

DOCUMENT 11

La rupture unilatérale du contrat

L'État a conclu avec divers établissements publics un protocole d'accord pour la réalisation du programme de l'aménagement hydraulique de la Loire et de ses affluents, prévoyant la construction d'un ensemble d'ouvrages dont cinq barrages, puis l'État a décidé de ne pas apporter son concours financier à la construction de l'un des barrages.

L'un des établissements publics partie à l'accord demande la réparation du préjudice résultant de l'abandon de la réalisation de cet ouvrage. La cour administrative de Nantes puis le Conseil d'État ont jugé que l'établissement public était bien fondé à rechercher la responsabilité contractuelle de l'État pour manquement à ses obligations résultant des contrats qu'il a passés.

Conseil d'État, 7 mars 2008

1. Comment qualifier le comportement de l'État ?
2. La décision du Conseil d'État est-elle conforme au droit commun de la responsabilité ?
3. En quoi cette décision diffère-t-elle de celles exposées dans les documents précédents ?

Analyse d'une situation juridique

COMPÉTENCE ATTENDUE
- Analyser une relation contractuelle et ses effets juridiques.

Les recours en matière de contrat administratif

Mise en situation

La commune de Vernay a décidé de créer une ligne de cars pour la relier aux villes voisines que la SNCF a cessé de desservir. Elle décide de recourir à la procédure du marché négocié.
L'entreprise T., seul entrepreneur de transport du département, pose sa candidature et obtient le marché. Afin de garer ses deux autocars en service sur cette ligne, elle obtient de la commune qu'elle lui loue, pour cinq ans, un garage situé au rez-de-chaussée d'un immeuble appartenant à la commune, dont les étages sont donnés en location à des particuliers.
L'entreprise P., autre entreprise de transport, apprenant par la presse la passation du contrat entre T. et la commune, intente une action en nullité de l'attribution du marché.
Après quelques mois, T. constate que l'exploitation se révèle moins rentable que prévu ; il tarde à payer la redevance aux échéances fixées par le contrat ; la commune l'assigne en paiement devant le tribunal de grande instance et résilie le contrat de location du garage. T. intente une action devant le tribunal administratif pour obtenir une indemnisation du préjudice qu'il subit.

TRAVAIL À FAIRE

Après avoir analysé les documents ci-dessous, vous répondrez dans une note argumentée aux questions suivantes :

1 Concernant l'action de l'entreprise T. :
- sur quels motifs sa demande pourrait-elle être fondée ?
- l'entreprise T. a-t-elle qualité pour intenter une telle action ?
- la procédure du marché négocié était-elle adaptée à la situation ?
- quel est le tribunal compétent pour connaître du litige ?

2 Concernant l'action en paiement intentée par la commune :
- quelle est la nature juridique du contrat la liant à l'entreprise T. ?
- en conséquence, quelle est la juridiction compétente pour connaître de son action ?

3 Concernant la résiliation du contrat de location : quel est le tribunal compétent ?

DOCUMENT 12

Domaine public, domaine privé

Considérant que par « convention d'occupation précaire », la communauté urbaine de Lyon a mis à la disposition de l'entreprise de plomberie de M. X., pour une durée de deux ans, un immeuble à usage d'entrepôt et de bureaux appartenant au domaine privé de la communauté urbaine ; que l'article 15 de cette convention permet au propriétaire de reprendre la jouissance de l'immeuble à tout moment et pour tout motif, sans indemnité, sous réserve d'un préavis d'un mois ; que M. X. intente une action contre la communauté urbaine pour manquement à ses obligations contractuelles d'entretien de l'immeuble ;

Considérant que les litiges relatifs à l'application de la convention, qui porte sur un immeuble appartenant au domaine privé de la communauté urbaine et qui ne contient aucune clause exorbitante du droit commun, relèvent de la compétence des juridictions de l'ordre judiciaire [...].

Tribunal des conflits, 20 février 2008

DOCUMENT 13

Les marchés négociés

Le Code des marchés publics (article 35) prévoit qu'en cas d'offre irrégulière ou inacceptable, la personne responsable du marché peut soit relancer un appel d'offres, soit, si les conditions initiales du marché ne sont pas modifiées, procéder à un marché négocié. Dans ce cas, la personne responsable du marché peut tout d'abord choisir de ne négocier qu'avec les candidats qui avaient été admis à présenter une offre ; elle est alors dispensée de procéder à une nouvelle mesure de publicité. Si en revanche elle souhaite élargir la concurrence, elle peut faire une nouvelle publicité afin de permettre à de nouveaux candidats de faire acte de candidature et de participer aux négociations. Le règlement de la consultation prévoit une rubrique où l'acheteur doit indiquer, dans le cas d'une procédure négociée, si les candidats ont déjà été sélectionnés. Les conditions initiales du marché ne doivent toutefois pas être substantiellement modifiées.

Peuvent être négociés sans publicité préalable et sans mise en concurrence :

– les marchés conclus pour faire face à une urgence impérieuse résultant de circonstances imprévisibles et dont les conditions de passation ne sont pas compatibles avec les délais exigés pour les appels d'offres ;

– les marchés qui ne peuvent être confiés qu'à un opérateur économique déterminé, pour des raisons techniques, artistiques ou tenant à la protection de droits d'exclusivité ; [...]

Code des marchés publics

DOCUMENT 14

L'effet relatif du contrat

Considérant que tout concurrent évincé de la conclusion d'un contrat administratif est recevable à former devant le juge du contrat un recours contestant la validité de ce contrat ou de certaines de ses clauses qui en sont divisibles, assorti, le cas échéant, de demandes indemnitaires ; que ce recours doit être exercé dans le délai de deux mois à compter de l'accomplissement des mesures de publicité appropriées ;

Qu'il revient au juge soit de prononcer la résiliation du contrat ou de modifier certaines de ses clauses, soit de décider de la poursuite de son exécution, soit d'accorder des indemnités en réparation des droits lésés, soit enfin, après avoir vérifié si l'annulation du contrat ne porterait pas une atteinte excessive à l'intérêt général ou aux droits des contractants, d'annuler totalement ou partiellement le contrat.

Conseil d'État, 16 juillet 2007

DOCUMENT 15

Personne publique, personne privée

Considérant que le marché est passé entre M. X., personne physique, le bureau d'études techniques Berim et la société immobilière d'économie mixte Semise, personne morale de droit privé agissant pour son propre compte et non pour le compte d'une personne morale de droit public, est un contrat de droit privé ; que les dispositions de l'article 2 de la loi du 11 décembre ne lui sont pas applicables, le marché litigieux n'ayant pas été passé en application du Code des marchés publics, dès lors que la société Semise n'était pas au nombre des personnes morales soumises au Code des marchés publics [...].

Tribunal des conflits, 20 février 2006

Entreprise « Le Manège du parc »

Mise en situation

A. T. est exploitant de manèges itinérants. Désirant se sédentariser, il prend contact avec la commune de V. où il a installé ses manèges sur la place du village, pour lui proposer d'installer de manière permanente dans le parc de la ville, qui souffre d'un manque de fréquentation, quelques manèges et une échoppe proposant des friandises et des boissons.
La ville est intéressée, et un contrat de location d'un emplacement du parc municipal est établi. Les conditions du contrat, d'une durée déterminée de dix ans, comprennent, moyennant le versement d'une redevance à la charge de l'exploitant, le droit pour la commune :
– de fixer et de modifier les horaires d'ouverture et de fermeture du manège, en fonction des horaires du parc ;
– de contrôler les installations (propreté, sécurité, entretien, aspect extérieur) ;
– d'infliger des sanctions en cas de non-respect des conditions ci-dessus ou de retard ou de non-paiement de la redevance due par l'exploitant ;
– de modifier le montant de la redevance.

L'exploitant accepte ces conditions et le contrat est signé.

Dans le même temps, A. T. envisage d'acheter un terrain non loin du parc, pour s'y loger et stocker du matériel et des fournitures. Il engage des discussions avec un vendeur potentiel ; ils peinent à se mettre d'accord et, pendant quelques mois, échangent des lettres et des contre-propositions. Puis A. T. signe un compromis avec un autre vendeur, M. X., pour un autre terrain, à des conditions plus intéressantes, et annonce au premier qu'il abandonne le projet. Celui-ci assigne alors A. T. en réalisation forcée de la vente. Inquiet à l'idée qu'il va devoir acheter deux terrains, A. T. ne se présente pas chez le notaire à la date fixée pour la signature prévue par le compromis.

Peu à peu, les conditions d'exploitation du manège se dégradent :
– la commune a limité les heures d'ouverture du parc, d'où une baisse importante de la fréquentation du manège ;
– le prix de l'énergie nécessaire au fonctionnement des installations a triplé en raison d'une détérioration imprévue des conditions économiques au niveau mondial.

En conséquence, l'exploitant ne parvient plus à payer la redevance due à la commune. Il décide de demander en justice la modification de son contrat pour imprévision. De son côté, la commune envisage de mettre fin au contrat pour non-paiement de la redevance.

Vous êtes consulté(e) par A. T. sur ses chances d'éviter la réalisation forcée de la vente au profit de son premier vendeur et d'obtenir la résiliation du contrat avec la commune pour imprévision.

TRAVAIL À FAIRE

Il vous est demandé de répondre aux questions posées par A.T. en vous référant à vos connaissances personnelles et aux documents suivants.

1 Déterminer la nature juridique du contrat liant A. T. à la commune et en tirer les conséquences en ce qui concerne :
- son action fondée sur l'imprévision ;
- la possibilité pour la commune de résilier unilatéralement le contrat.

2 Analyser et qualifier les relations juridiques entre A. T et le premier vendeur du terrain, et en déduire pour ce dernier la possibilité de poursuivre l'exécution forcée de la vente.

3 Rechercher quelles peuvent être les conséquences du défaut de présentation de A. T. chez le notaire pour la signature de la vente avec M. X.

› **Document 1 : Cour d'appel de Paris, 8 décembre 2009 : pourparlers ou avant-contrat ?**
› **Document 2 : Tribunal des conflits, 17 décembre 2007**
› **Document 3 : Tribunal administratif de Nice, 20 octobre 2006**
› **Document 4 : Le compromis de vente**
› **Document 5 : Cour de cassation, 3e chambre civile, 25 mars 2009**

DOCUMENT 1

Pourparlers ou avant-contrat ?

Une société A. s'était rapprochée d'une société B. en vue d'acquérir une participation dans le capital de celle-ci. Les deux sociétés A et B avaient conclu un accord de confidentialité en mai 2005, un accord sur le principe d'une prise de participation à hauteur de 60 % du capital en juin 2006, puis, deux mois plus tard, une lettre d'intention. En avril 2007, la société B. ayant refusé de signer l'acte de cession, la société A. demande en justice l'exécution forcée de l'accord, qu'elle prétendait conclu, au motif que la vente avait été définitivement formée par l'accord des parties sur la chose et sur le prix.
La société B. prétendait, au contraire, que la chose et le prix ne sont pas les seuls éléments essentiels d'un contrat de vente et que le défaut d'accord sur d'autres éléments essentiels peut mettre obstacle à la rencontre des volontés.
La cour d'appel de Paris (8 décembre 2009) a jugé que la lettre d'intention ne contenait qu'une offre de contracter et que le défaut d'accord de B. sur la totalité des éléments de cette offre mettait obstacle à la réalisation de la vente. En effet, dans la lettre d'intention, les parties évoquaient notamment « l'intérêt pour la poursuite des négociations », l'intérêt de la situation qui existerait « si les négociations devaient aboutir », la signature d'une garantie d'actif et de passif qui « prévoirait un plafond et une franchise que nous fixerons ensemble après la réalisation de l'audit et dans le cas où nous donnerions une suite favorable au projet ». L'annexe de la lettre d'intention était constituée d'une énumération des principales dispositions que pourrait comporter le pacte, qui n'étaient ni détaillées ni adaptées précisément au cas d'espèce. Enfin, la lettre précisait que « la réalisation de la cession serait expressément subordonnée à l'accord conjoint sur la garantie d'actif et de passif et autres documents annexes que les conseils rédigeraient dès lors que toutes les autres conditions auront été satisfaites ».
La cour d'appel a déduit des termes utilisés dans la lettre d'intention et de l'emploi du conditionnel que celle-ci ne contenait aucune volonté non équivoque et délibérée de s'engager. Au contraire, ses stipulations claires et précises démontraient que les parties étaient toujours, au moment de la signature de cette lettre, au stade des pourparlers précontractuels. Le refus de B. n'est donc qu'une rupture de pourparlers pouvant éventuellement donner lieu à attribution de dommages-intérêts.

Bulletin rapide de droit des affaires 2010, n° 8, Éditions Francis Lefebvre

DOCUMENT 2

Tribunal administratif de Nice, 20 octobre 2006

Les sociétés Eurovia Méditerranée et Appia Var Alpes demandent au tribunal de condamner l'État à leur payer une somme de 109 107 euros à titre d'indemnisation du préjudice résultant de l'augmentation exceptionnelle du prix des produits pétroliers ayant entraîné un bouleversement de l'économie du marché portant sur la réalisation de travaux de renouvellement des couches de roulement en béton bitumeux des routes nationales du Var. Ces sociétés soutiennent :

– que l'augmentation constante du prix du pétrole a entraîné un surcoût exceptionnel ;

– que les conditions de l'imprévision sont remplies : l'augmentation exceptionnelle ne pouvait être prévue, elle est indépendante de la volonté des entreprises, elle a provoqué un bouleversement de l'économie du contrat.

Le tribunal administratif de Nice a décidé : « Considérant qu'il résulte de l'instruction que l'indice du bitume a augmenté fortement en 1999 ; de manière constante à compter du mois de mai 1999, la hausse étant de 75 % de janvier 1999 à janvier 2000 ; que les sociétés n'apportent toutefois aucun élément de nature à montrer que cette augmentation du prix des produits pétroliers a entraîné un bouleversement de l'économie du contrat. Considérant qu'au surplus le prix du pétrole est soumis régulièrement à de fortes variations se répercutant sur le coût de produits à forte teneur en bitume comme ceux utilisés pour la réalisation des prestations du marché en cause ; que les entreprises requérantes, spécialisées dans les travaux de revêtement des chaussées, ne sont dès lors pas fondées à soutenir que de telles variations des prix des produits utilisés présentaient un caractère imprévisible ; considérant que de ce qui précède la demande des sociétés Eurovia Méditerranée et Appia Var Alpes tendant à l'octroi d'une indemnité d'imprévision doit être rejetée. »

DOCUMENT 3

Le compromis de vente

Entre les soussignés :

M.... : désigné ci-après par « le vendeur » et

M.... : désigné ci-après par « l'acquéreur »

Il est convenu d'un compromis de vente sur les biens dont la désignation suit :

I - NATURE DE L'ENGAGEMENT

Le vendeur s'engage à vendre à l'acquéreur l'immeuble ci-après désigné.
L'acquéreur accepte et s'engage à acquérir sous réserve des conditions suspensives énumérées ci-après.

II - SITUATION ET DÉSIGNATION DES BIENS (description physique des biens ; situation des biens : libres, loués, occupés, etc.)

L'acquéreur déclare bien connaître les biens objet du présent compromis pour les avoir vus, mesurés et visités, et dispense de ce fait le vendeur d'une plus ample désignation.

III - ORIGINE DE PROPRIÉTÉ

IV - CHARGES GREVANT L'IMMEUBLE

V - DROIT DE RÉTRACTATION

[...]

VIII - PROPRIÉTÉ ET JOUISSANCE

L'acquéreur sera propriétaire des biens à compter du jour de la signature de l'acte authentique ci-après prévue et il en prendra la jouissance à compter du même jour.

IX - PRIX

En cas de réalisation, la vente aura lieu moyennant le prix de .... euros (à compléter).
Le prix sera payable comptant le jour de la signature de l'acte authentique.
Il est formellement convenu et accepté qu'à défaut du versement du prix de vente entre les mains du notaire rédacteur de l'acte authentique la vente sera considérée comme nulle et non avenue, le transfert de propriété ne pourra s'effectuer et l'indemnité d'immobilisation restera acquise au vendeur.

SUITE

X - DÉPÔT DE GARANTIE

En raison du présent compromis, l'acquéreur a déposé la somme de .... euros entre les mains de Me .... désigné comme séquestre amiable, ainsi que le vendeur le reconnaît.
Cette somme s'imputera sur le prix convenu de la vente.

XI - RÉALISATION DE LA VENTE

Dans le cas où la condition suspensive viendrait à se réaliser, la vente sera régularisée dans le délai de .... de la réalisation de ladite condition, par acte aux minutes de Me ....
Si l'une des parties venait à refuser de signer l'acte authentique, elle pourra y être contrainte par toutes les voies de droit en supportant tous les frais de poursuite.
En outre, elle devra payer la somme de .... à l'autre partie à titre d'indemnité forfaitaire et de clause pénale.

XII - PUBLICITÉ FONCIÈRE

XIII - FRAIS

Les frais des présentes seront à la charge de l'acquéreur.

DOCUMENT 4

Cour de cassation, 3e chambre civile, 25 mars 2009

Un acheteur et un vendeur ont conclu une promesse synallagmatique de vente d'un immeuble, sous la condition suspensive de sa réitération en la forme authentique et assortie du versement d'un acompte. Lorsque le vendeur refuse de procéder à la réitération, l'acquéreur dispose de l'option accordée par l'article 1184, alinéa 2 du Code civil. S'il poursuit la résolution du contrat, il demandera la restitution de l'acompte augmenté éventuellement de dommages et intérêts. En revanche, il peut très bien agir en exécution de la promesse et revendiquer le bien objet du contrat. Il en est de même en cas de refus de l'acheteur de signer l'acte authentique : le vendeur peut demander soit l'exécution forcée de la vente, soit sa résolution en gardant l'acompte augmenté éventuellement de dommages et intérêts en fonction du préjudice qu'il subit.
Article 1184, al. 2 du Code civil : lorsque l'une des parties ne satisfait pas à son engagement, « le contrat n'est pas résolu de plein droit. La partie envers laquelle l'engagement n'a point été exécuté a le choix ou de forcer l'autre à l'exécution de la convention lorsqu'elle est possible, ou d'en demander la résolution avec dommages et intérêts ».

D'après *Lettre Omnidroit*, n° 46, 15 avril 2009

DOCUMENT 5

Tribunal des conflits, 17 décembre 2007

La société anonyme Clinique de l'espérance a vendu l'ensemble de ses biens immobiliers, des matériels, équipements et plateaux techniques servant à son exploitation au centre hospitalier intercommunal du Haut-Anjou. Un différend s'étant révélé à l'occasion de cette cession, la question de la compétence de la juridiction administrative ou de la juridiction judiciaire s'est posée. Le Tribunal des conflits a rendu l'arrêt suivant :
« Considérant que la convention conclue entre le centre hospitalier intercommunal, personne morale de droit public, et la clinique, personne morale de droit privé, réalisant la cession d'une entité économique, dans le contexte des difficultés financières que cette clinique connaissait, alors même qu'elle a pour effet de concourir à la rationalisation de l'offre locale de soins, ne porte pas sur l'organisation du service public de la santé et n'a pas pour effet de faire participer la clinique à l'exécution de ce service public ; qu'en outre, elle ne comporte aucune clause exorbitante du droit commun ; que, dès lors, la nature de cette convention est celle d'un contrat de droit privé ; que, par suite, le litige relatif à l'exécution des clauses d'un tel contrat relève de la compétence de la juridiction de l'ordre judiciaire. »

LE DROIT D'ACCÈS À UNE ACTIVITÉ PROFESSIONNELLE

Une question peut admettre plusieurs réponses.

1 Le décret d'Allarde et la loi Le Chapelier :
- a. proclament la liberté du commerce et de l'industrie
- b. proclament le droit à l'emploi
- c. suppriment les corporations

2 Le droit communautaire :
- a. régit les règles en matière de sécurité sociale pour l'ensemble des États membres
- b. correspond uniquement aux règles de droit contenues dans le traité de Maastricht
- c. vise à garantir l'existence d'un véritable marché commun au niveau européen

3 Le droit communautaire :
- a. proclame la liberté d'entreprise
- b. assure la libre circulation des travailleurs à l'intérieur de la Communauté européenne
- c. garantit à tout ressortissant de l'Union européenne un travail

4 Le droit communautaire :
- a. se situe, avec le « bloc de constitutionnalité », au sommet de la hiérarchie des normes
- b. doit être écarté s'il est contraire à une loi française notamment en matière de droit du travail
- c. prime la loi française

5 Le bloc de constitutionnalité comprend :
- a. la Déclaration des droits de l'homme et du citoyen de 1789
- b. la Charte de l'environnement de mars 2005
- c. le texte de la Constitution du 27 octobre 1946

6 Le préambule de la Constitution de 1946 :
- a. permet de toujours faire primer la sécurité des travailleurs sur la liberté d'entreprendre
- b. proclame le droit à l'emploi
- c. reconnaît une valeur constitutionnelle au droit de grève

7 La liberté d'entreprendre :
- a. a été consacrée constitutionnellement en 1982
- b. a pour fondement l'article 4 de la Déclaration des droits de l'homme et du citoyen de 1789
- c. prime les autres droits fondamentaux reconnus par le « bloc de constitutionnalité »

8 La liberté professionnelle :
- a. est l'exact synonyme en droit positif de la liberté du travail
- b. correspond pour le travailleur indépendant à la liberté d'entreprendre
- c. correspond pour le travailleur subordonné à la liberté du travail

9 Le droit à l'emploi :
- a. n'est pas un droit fondamental reconnu en droit français
- b. permet à tout individu d'exiger un travail des entreprises privées ou de l'État
- c. est le fondement de l'intervention de l'État sur le marché du travail en vue du plein emploi

10 La liberté du travail correspond notamment :
- a. à la liberté de ne pas faire grève
- b. à l'interdiction du travail forcé
- c. à la liberté de changer d'emploi

LES DIFFÉRENTS RÉGIMES JURIDIQUES DU TRAVAIL

Une question peut admettre plusieurs réponses.

1 Les travailleurs exerçant un travail subordonné sont :
- a. les travailleurs salariés du secteur privé
- b. les fonctionnaires
- c. les travailleurs indépendants

2 Les travailleurs soumis au droit du travail sont :
- a. les travailleurs salariés du secteur privé
- b. les fonctionnaires
- c. les travailleurs indépendants

3 Le lien de subordination donne à l'employeur le droit :
- a. de donner des ordres à l'employé
- b. de ne pas payer l'employé s'il l'estime nécessaire
- c. de sanctionner l'employé si ce dernier commet une faute

4 Les règles de droit du travail encadrant le recrutement :
- a. empêchent l'employeur d'avoir recours à des tests graphologiques
- b. empêchent l'employeur de choisir librement ses collaborateurs
- c. empêchent l'employeur de questionner un salarié sur ses convictions religieuses

5 **Constitue nécessairement une discrimination illicite en droit du travail :**

a. le fait de ne pas recruter une personne de nationalité étrangère
b. le fait de ne pas recruter une personne en raison de ses opinions politiques
c. le fait de ne pas recruter une personne ne parlant pas correctement l'anglais

6 **Un fonctionnaire :**

a. est lié à un employeur public par contrat
b. est soumis à un statut légal et réglementaire
c. peut voir à tout moment ses droits et ses obligations modifiés sans son accord

7 **Pour accéder à la fonction publique, il est nécessaire :**

a. d'avoir la nationalité française
b. de jouir de ses droits civiques
c. d'avoir plus de 25 ans

8 **Les fonctionnaires appartenant à un même corps :**

a. sont amenés à exercer les mêmes types de tâches au sein de la fonction publique
b. bénéficient de la même rémunération, en fonction simplement de leur âge
c. ont vocation en principe à accéder, en franchissant les échelons, à l'ensemble des grades (ou classes) de leur corps

9 **Tout individu qui souhaite exercer une activité indépendante doit :**

a. s'inscrire auprès de l'URSSAF
b. faire procéder à son immatriculation par l'intermédiaire d'un centre de formalités des entreprises
c. constituer une société

10 **La déclaration d'existence détermine :**

a. le régime fiscal du travailleur indépendant
b. la caisse de retraite dont relèvera le travailleur indépendant
c. les horaires de travail auxquels sera soumis le travailleur indépendant

LE CHOIX DU RÉGIME JURIDIQUE DE TRAVAIL

1 **Les travailleurs indépendants :**

a. sont près de 2 millions en France
b. représentent environ 20 % de la population active
c. représentent environ 10 % de la population active

2 **Un salarié du secteur privé est :**

a. en charge de se procurer les moyens nécessaire à l'exécution de son travail
b. tenu d'exécuter son travail avec diligence et de respecter vis-à-vis de son employeur une obligation de loyauté
c. tenu de respecter la discipline et le règlement intérieur

3 **Tout salarié du secteur privé :**

a. bénéficie de la réglementation du travail issu notamment du Code du travail
b. peut choisir ses horaires de travail
c. bénéficie du régime de la Sécurité sociale

4 **Une clause de non-concurrence :**

a. prive un salarié de la faculté de cumuler plusieurs emplois
b. est nécessairement valable si elle est limitée dans le temps et l'espace
c. n'est valable que si elle prévoit notamment une contrepartie financière versée par l'employeur

5 **Une clause de mobilité :**

a. n'est valable que si elle est prévue par écrit
b. permet à l'employeur de muter le salarié du jour au lendemain à l'intérieur de la zone géographique définie par la clause
c. doit, pour être valable, préciser la zone géographique sur laquelle elle s'applique

6 **Un fonctionnaire :**

a. peut au même titre qu'un salarié cumuler plusieurs emplois
b. ne peut pas en principe, même en privé, exprimer ses opinions politiques
c. est tenu au secret et à la discrétion professionnels

7 **Un fonctionnaire :**

a. ne peut pas être sanctionné par sa hiérarchie
b. a le droit à une protection particulière de l'État pour toute attaque subie dans l'exercice de ses fonctions
c. ne bénéficie pas du droit à la protection sociale

8 Un ordre professionnel :

a. est une entreprise privée
b. est un syndicat
c. est une organisation administrative

9 Un expert-comptable :

a. est un travailleur indépendant
b. n'est soumis à aucune hiérarchie
c. est soumis à des droits et obligations dans l'exercice de son activité professionnelle

10 On parle de déontologie :

a. pour désigner l'ensemble des droits des travailleurs indépendants
b. pour désigner au sens large « la science de ce qu'il faut faire »
c. pour désigner un ensemble de droits et d'obligations qui régissent une profession

LA FORMATION PROFESSIONNELLE

Certaines questions admettent plusieurs réponses.

1 La formation professionnelle concerne :

a. les salariés uniquement
b. toute personne en âge de travailler souhaitant acquérir des compétences professionnelles ou les améliorer
c. toute personne désirant se former

2 La formation professionnelle se réalise :

a. uniquement en formation continue au cours de la vie professionnelle
b. uniquement en formation initiale pour préparer un métier
c. à la fois en formation initiale et en formation continue

3 Le plan de formation est un document :

a. négocié entre partenaires sociaux
b. établi à l'initiative de l'employeur en fonction des objectifs de développement et des besoins de son entreprise
c. récapitulant l'ensemble des actions de formation, de bilan de compétence et de validation des acquis de l'expérience prévues dans une entreprise pour un an

4 Le plan de formation :

a. est obligatoire pour les entreprises d'au moins 10 salariés
b. permet de prouver la réalité des actions de formation réalisées dans une entreprise
c. est indispensable pour les entreprises d'au moins 10 salariés afin d'obtenir le financement des formations envisagées

5 Le contrat individuel de formation :

a. permet au salarié qui le souhaite de se former pendant son temps de travail
b. permet au salarié qui le souhaite de se former hors de son temps de travail
c. demandé par un salarié peut être refusé par son employeur

6 Le contrat individuel de formation :

a. suspend le contrat de travail du salarié concerné
b. interrompt le contrat de travail du salarié concerné
c. maintient le contrat de travail du salarié concerné

7 Le droit individuel de formation :

a. est un droit de 20 heures annuelles de formation par an pour tout salarié en CDI à temps complet
b. permet à un salarié de se former librement sans l'accord de son employeur
c. permet à un salarié de se former avec l'accord de son employeur

8 Le droit individuel de formation :

a. permet à un salarié de se former hors de son temps de travail
b. permet à l'employeur de demander à son salarié de se former pendant son temps de travail
c. permet à l'employeur d'imposer une formation à son salarié.

9 Le bilan de compétences :

a. peut être demandé par un salarié
b. peut être imposé par un employeur
c. peut être demandé par un employeur avec l'accord du salarié concerné

10 La validation des acquis de l'expérience permet :

a. uniquement à un salarié d'obtenir un diplôme en faisant valoir son expérience professionnelle
b. à toute personne d'obtenir un diplôme en faisant valoir son expérience professionnelle
c. d'obtenir un diplôme sans passer l'examen requis pour son obtention

ÉVOLUTION DU CONTRAT DE TRAVAIL

Une question peut admettre plusieurs réponses.

1 La modification du contrat de travail :

a. exige toujours l'accord du salarié
b. exige l'accord du salarié seulement si elle est importante
c. relève du pouvoir de direction de l'employeur

2 La modification de la rémunération :

a. est toujours une modification du contrat
b. n'est une modification du contrat que si elle entraîne une baisse de la rémunération
c. concerne toujours le chiffre écrit en bas de la feuille de paye

3 La modification du lieu de travail :

a. est toujours une modification du contrat qui requiert l'accord du salarié
b. est un changement des conditions de travail quand le contrat contient une clause de mobilité
c. suppose un changement de secteur géographique

4 Le changement des horaires de travail à l'initiative de l'employeur :

a. est la manifestation du pouvoir de direction de l'employeur
b. est une modification du contrat qui requiert toujours l'accord du salarié
c. nécessite l'accord du salarié si l'horaire était un élément déterminant à la conclusion du contrat

5 La modification de la qualification :

a. emporte toujours modification du contrat
b. consiste en une modification des tâches confiées au salarié
c. exige l'accord du salarié lorsque ses responsabilités sont ramenées à un niveau très inférieur

6 Le refus du salarié :

a. de sa mutation consécutive à l'application d'une clause de mobilité est une faute
b. de la modification de sa rémunération est une faute
c. d'effectuer les heures supplémentaires exigées par l'employeur est une faute

7 La modification a un motif économique :

a. si elle est due à l'incompétence du salarié
b. si elle est due à des difficultés économiques
c. si elle est due à un motif non inhérent à la personne du salarié

8 En cas de modification du contrat pour motif économique :

a. l'employeur doit respecter une procédure légale d'information du salarié
b. peut licencier pour motif économique le salarié qui refuse la modification
c. s'expose à verser des dommages et intérêts s'il licencie le salarié parce qu'il a refusé la modification de son contrat

9 La modification de la situation juridique de l'employeur :

a. concerne la vente de son entreprise
b. existe lorsqu'il y a transfert d'une entité économique autonome qui peut se définir comme un ensemble organisé de personnes et d'éléments corporels ou incorporels permettant l'exercice d'une activité économique qui poursuit un objectif propre
c. entraîne le transfert de tous les contrats en cours

10 L'employeur qui rachète une entreprise :

a. peut choisir les salariés qu'il reprendra
b. est tenu de payer les primes dues aux salariés dont les contrats de travail sont transférés, primes existant au jour du transfert
c. peut licencier, après le transfert, des salariés dont le contrat a été repris

RUPTURE DU CONTRAT DE TRAVAIL

Une question peut admettre plusieurs réponses.

1 Le licenciement :

a. est une rupture du contrat de travail à l'initiative du salarié
b. est une rupture du contrat de travail à l'initiative de l'employeur
c. est une rupture du contrat de travail libre sans formalités

2 La cause réelle et sérieuse de licenciement :

a. est le motif invoqué par l'employeur pour justifier la rupture du contrat de travail
b. est exigée pour toute rupture du contrat de travail
c. peut être une raison économique ou une raison personnelle

3 La procédure de licenciement pour motif personnel :

a. est obligatoire sinon le licenciement est sans cause réelle et sérieuse
b. implique un entretien qui permet aux parties de se concilier
c. implique que la lettre de licenciement soit motivée

4 Le salarié licencié pour motif personnel a droit :

a. à l'indemnité de licenciement s'il justifie d'une année d'ancienneté dans l'entreprise
b. à un préavis
c. à l'indemnité compensatrice de congés payés

5 Le motif du licenciement économique :

a. doit reposer sur une cause non inhérente à la personne du salarié
b. consiste notamment à supprimer un poste de travail pour des difficultés économiques
c. consiste à supprimer un poste pour accroître la rentabilité de l'entreprise

6 L'employeur qui licencie pour motif économique a des obligations :

a. de reclassement préalable au licenciement
b. d'adaptation des salariés à l'évolution des emplois
c. de procédure

7 Le salarié licencié économique a droit :

a. de percevoir l'indemnité légale de licenciement s'il remplit la condition d'ancienneté
b. d'adhérer à la convention de reclassement personnalisé
c. de refuser d'exécuter son préavis

8 Les mesures de reclassement en faveur des salariés licenciés économique :

a. peuvent être individuelles et collectives
b. consistent toujours en l'élaboration d'un plan de sauvegarde de l'emploi
c. nécessitent l'intervention des représentants du personnel

9 La rupture conventionnelle :

a. est un mode de rupture à l'amiable
b. est plus favorable au salarié qu'une démission
c. n'est pas soumise à un contrôle administratif

10 La démission :

a. doit être motivée.
b. repose sur une volonté sérieuse et non équivoque de rompre le contrat de travail
c. impose au salarié le respect d'un préavis

LA NÉGOCIATION COLLECTIVE

Certaines questions admettent plusieurs réponses.

1 La négociation collective permet de négocier :

a. des accords ou conventions collectives entre partenaires sociaux
b. dans une entreprise entre un employeur et des représentants du personnel
c. dans une entreprise entre un employeur et des délégués syndicaux de syndicats représentatifs

2 Les partenaires sociaux sont :

a. des groupements d'employeurs et des syndicats
b. des groupements d'employeurs et des syndicats représentatifs au niveau national
c. des employeurs ou groupements d'employeurs et des syndicats représentatifs au niveau où se conclut l'accord collectif

3 Un syndicat doit prouver sa représentativité :

a. en obtenant au moins 10 % des suffrages aux élections des représentants du personnel pour les accords d'entreprise
b. en obtenant au moins 8 % des suffrages aux élections des représentants du personnel pour tous les accords
c. en obtenant au moins 8 % des suffrages aux élections des représentants du personnel pour les accords de branche et les accords interprofessionnels

4 Un accord collectif est valable et applicable :

a. s'il est signé par un syndicat représentatif ayant obtenu plus de 10 aux élections professionnelles
b. s'il est signé par un syndicat représentatif ayant obtenu plus de 30 aux élections professionnelles, sans opposition d'autres syndicats
c. s'il est signé par un syndicat représentatif ayant obtenu plus de 10 aux élections professionnelles, sans opposition d'autres syndicats

5 La négociation annuelle est obligatoire :

a. dans toutes les entreprises
b. dans les entreprises de plus de 50 salariés
c. dans les entreprises de plus de 300 salariés

6 La négociation annuelle obligatoire :

a. porte sur des thèmes prévus par la loi comme les salaires, la durée effective et l'organisation du travail...
b. oblige les partenaires sociaux à conclure un accord
c. oblige les partenaires sociaux à négocier un accord sans forcément le conclure

7 Un accord interprofessionnel se conclue :

a. à l'intérieur d'un entreprise
b. au sein d'une branche d'activité
c. entre plusieurs branches d'activité ou de secteurs professionnels

8 Un accord d'entreprise peut prévoir :

a. des dispositions moins favorables qu'une loi si celle-ci l'y autorise
b. des dispositions moins favorables qu'un accord de branche si celui-ci s'y oppose
c. des dispositions moins favorables qu'un accord de branche en matière de salaires minimum

9 Un accord de branche s'applique :

a. à tous les salariés de la branche concernée
b. aux seuls salariés de la branche qui appartiennent aux syndicats signataires
c. aux seuls salariés de la branche dont l'employeur appartient à un groupement patronal signataire

10 Un accord de branche étendu s'applique :

a. à toutes les entreprises dont l'activité principale correspond à la branche d'activité
b. à tous les salariés travaillant dans la branche d'activité concernée
c. aux seuls salariés qui le souhaitent dans la branche d'activité concernée

LE CHOIX D'UNE STRUCTURE JURIDIQUE

Une question peut admettre plusieurs réponses.

1 Pour entreprendre sans s'associer, il faut :

a. créer obligatoirement une société
b. opter pour l'entreprise individuelle
c. choisir entre l'entreprise individuelle et la création d'une EURL ou d'une SASU

2 L'entrepreneur individuel :

a. a une responsabilité limitée.
b. peut protéger sa résidence principale
c. peut protéger tous ses biens fonciers

3 La société à responsabilité limitée :

a. peut avoir un seul associé.
b. doit disposer d'un capital social minimum de 100 €
c. est une société de personnes

4 Les sociétés de personnes :

a. ont un capital minimum
b. peuvent faire appel public à l'épargne.
c. ont la personnalité morale.

5 Les sociétés de capitaux :

a. sont toujours cotées en bourse.
b. peuvent se constituer sous forme de SA ou SAS ou SARL.
c. fixent librement le montant de leur capital

6 La SAS :

a. peut faire appel public à l'épargne
b. peut ne pas rédiger de statuts
c. peut avoir un seul associé

7 La Société anonyme :

a. peut être constituée avec deux associés
b. le pouvoir de gestion est exercé par les assemblées d'actionnaires
c. les dirigeants doivent obligatoirement être des actionnaires.

8 Ils ont le statut de salariés :

a. les actionnaires de SA
b. les gérants minoritaires de SARL
c. les directeurs généraux de SA et de SAS

9 La répartition des bénéfices :

a. est toujours proportionnelle au montant des apports
b. est obligatoire dans une société
c. s'effectue selon des modalités déterminées dans les statuts

10 Sont soumises à l'impôt sur les sociétés :

a. toutes les sociétés
b. uniquement les sociétés de capitaux
c. les SA

L'ÉVOLUTION DES STRUCTURES JURIDIQUES

Une question peut admettre plusieurs réponses.

1 L'entreprise individuelle peut :

a. faire l'objet d'une transmission universelle (éléments d'actifs + dettes)
b. être transmise uniquement par cession des éléments d'actifs
c. être transmise sans aucun coût pour le cédant

2 **Un entrepreneur individuel désirant bénéficier du statut social des salariés peut :**

a. transformer son entreprise en SASU
b. transformer son entreprise en EURL
c. transformer son entreprise en SARL (en étant gérant majoritaire)

3 **La modification de la forme sociale doit être décidée :**

a. par les dirigeants de la société
b. par une assemblée générale
c. par les commissaires aux comptes

4 **La transformation en société européenne est possible :**

a. pour une SARL
b. suppose un capital minimum de 37 000 €.
c. suppose un capital minimum de 120 000 €

5 **Dans une SARL, les parts sociales sont :**

a. librement cessibles à tous
b. négociables
c. incessibles

6 **Dans une SAS, les titres sociaux sont :**

a. des actions
b. obligatoirement négociables
c. parfois sans droit de vote

7 **Les restructurations d'entreprises sont :**

a. entièrement libres
b. autorisées par l'Autorité de la concurrence dans le cas où elles sont susceptibles de porter atteinte à la concurrence
c. autorisées par le ministère des Finances quand elles sont « stratégiques »

8 **Une offre publique d'achat :**

a. peut être lancée pour acquérir les parts sociales d'une SARL.
b. concerne uniquement les sociétés cotées en bourse.
c. vise à prendre le contrôle d'une entreprise

9 **Une fusion de sociétés :**

a. entraîne toujours la disparition des sociétés qui fusionnent
b. peut entraîner la disparition d'une ou de plusieurs sociétés au profit d'une seule
c. s'opère par transfert des titres sociaux

10 **Dans une société en nom collectif :**

a. tout changement de forme sociale est impossible
b. il est possible de changer de forme sociale si la décision est prise à l'unanimité
c. les parts sociables sont incessibles

LA PRÉVENTION DES DIFFICULTÉS DE L'ENTREPRISE

Une question peut admettre plusieurs réponses.

1 **La procédure d'alerte peut être déclenchée par :**

a. le comité d'entreprise
b. un ou plusieurs créanciers
c. le dirigeant lui-même

2 **Le recours à un mandataire *ad hoc* :**

a. est obligatoire avant de pouvoir engager une procédure de conciliation
b. permet de bénéficier des conseils d'un expert pour faire face à des difficultés
c. fait l'objet d'une publicité par le tribunal de commerce afin d'en informer les créanciers

3 **La procédure de conciliation :**

a. peut être ouverte pour une entreprise qui n'est pas en cessation de paiement
b. peut être ouverte pour une entreprise qui est en cessation de paiement
c. peut être ouverte à la demande des créanciers de l'entreprise

4 **L'accord de conciliation :**

a. est obligatoire
b. a un contenu réglementé par la loi
c. est entièrement libre et peut rester confidentiel

5 **L'homologation de l'accord de conciliation :**

a. est la publication de l'accord
b. a pour seul effet de rendre l'accord obligatoire pour les créanciers
c. entraîne la suspension des poursuites individuelles des créanciers

6 **La constatation de l'accord de conciliation :**

a. permet de conserver la confidentialité sur la situation de l'entreprise
b. rend l'accord obligatoire pour les créanciers
c. entraîne la suspension des poursuites individuelles des créanciers

7 **La cessation de paiement :**

a. est caractérisée dès qu'au moins une dette ne peut être réglée à l'échéance
b. est caractérisée quand les dettes dépassent un certain pourcentage des fonds propres (capital social)
c. est caractérisée quand l'actif disponible ne permet plus de faire face au passif exigible

8 **Les commissaires aux comptes :**

a. sont libres de déclencher la procédure d'alerte
b. peuvent engager leur responsabilité s'ils ne déclenchent pas la procédure d'alerte quand existent des difficultés
c. doivent avertir le président du tribunal de commerce si une aucune mesure n'est prise suite au déclenchement d'une procédure d'alerte

9 **Le dirigeant d'une entreprise en difficultés :**

a. peut demander la désignation d'un mandataire *ad hoc*
b. peut demander la désignation d'un conciliateur
c. peut ne pas publier ses comptes pour ne pas inquiéter ses créanciers et aggraver ses difficultés

10 **L'accord de conciliation ne pourra être homologué :**

a. si l'entreprise est en cessation de paiement
b. si tous les créanciers ne sont pas signataires
c. si le commissaire aux comptes s'oppose

LE TRAITEMENT DES DIFFICULTÉS DE L'ENTREPRISE

Une question peut admettre plusieurs réponses.

1 **Les procédures judiciaires sont :**

a. le redressement et la liquidation
b. la sauvegarde, le redressement et la liquidation
c. la conciliation, la sauvegarde, le redressement et la liquidation

2 **Une entreprise en cessation de paiement peut :**

a. engager une procédure de conciliation
b. engager une procédure de sauvegarde
c. engager une procédure de redressement

3 **La liquidation judiciaire peut :**

a. être ouverte uniquement après l'échec d'une procédure de redressement
b. être ouverte à tout moment si la situation est irrémédiablement compromise
c. être ouverte uniquement après une période d'observation

4 **La période d'observation :**

a. existe seulement dans la procédure de redressement
b. existe dans les procédures de sauvegarde et de redressement
c. existe dans la procédure de conciliation

5 **Durant la période d'observation :**

a. les créanciers doivent suspendre leurs poursuites
b. les créanciers privilégiés doivent être réglés
c. un accord avec les créanciers doit être élaboré

6 **Le plan de sauvegarde ou de redressement :**

a. peut être établi avec l'accord des créanciers
b. peut être établi sans l'accord des créanciers
c. est réglementé par la loi, uniquement s'il est établi sans l'accord des créanciers

7 **Disposent d'un privilège :**

a. les créanciers antérieurs au jugement d'ouverture
b. les créanciers qui ont apporté des fonds supplémentaires pendant la période de conciliation
c. les créanciers dont la créance née après le jugement d'ouverture est « utile »

8 **Une procédure est clôturée :**

a. après paiement de tous les créanciers
b. après apurement du passif ou insuffisance d'actif
c. automatiquement au bout d'un certain délai

9 **Les salariés sont :**

a. des créanciers privilégiés
b. obligés de déclarer leur créance
c. sûrs de récupérer le montant des six derniers mois de salaire

10 **Le dirigeant de l'entreprise en difficulté :**

a. est obligatoirement dessaisi de ses pouvoirs de gestion quelle que soit la procédure judiciaire qui est ouverte
b. n'est dessaisi qu'en cas de liquidation judiciaire
c. est le seul à pouvoir demander l'ouverture d'une procédure de sauvegarde

LA NÉGOCIATION DU CONTRAT

Une question peut admettre plusieurs réponses.

1 Le prêt est un contrat :
- a. consensuel
- b. réel, entre particuliers
- c. réel, entre un particulier et un professionnel
- d. consensuel

2 Un contrat solennel est un contrat qui, pour être valable, doit être :
- a. passé devant un officier ministériel
- b. écrit sous seing privé
- c. écrit sous seing privé et soumis à des formalités

3 Une clause abusive est :
- a. nulle
- b. réputée non écrite

4 Une clause dite abusive peut être insérée :
- a. dans les contrats conclus entre un professionnel et un consommateur
- b. dans tout type de contrat

5 Les pourparlers sont :
- a. des avant-contrats
- b. des discussions préliminaires à un contrat
- c. un contrat

6 Une offre de contracter à durée indéterminée peut être rétractée :
- a. à tout moment
- b. dans un délai raisonnable
- c. au bout de deux mois

7 Celui qui rompt des pourparlers est :
- a. toujours responsable délictuellement
- b. toujours responsable contractuellement
- c. responsable seulement si la rupture est abusive

8 Le compromis de vente est :
- a. une promesse unilatérale de vente
- b. une promesse synallagmatique de vente
- c. une option

9 Lever une option signifie :
- a. accepter une promesse unilatérale de vente
- b. accepter une promesse synallagmatique

10 Les lois impératives protègent :
- a. l'ordre public
- b. les intérêts privés des personnes

LA FORMATION DU CONTRAT

Une question peut admettre plusieurs réponses.

1 Les circonstances suivantes permettent-elles de dire que le silence vaut consentement ?
- a. absence de réponse de la personne qui reçoit par la poste une offre d'abonnement à une revue
- b. silence du client qui reçoit une offre de son fournisseur avec qui il est en relations d'affaires suivies

2 Les mobiles de l'acheteur d'un bien sont :
- a. l'objet du contrat
- b. l'objet de l'obligation
- c. la cause du contrat
- d. la cause de l'obligation

3 La fin d'un contrat pour erreur est une :
- a. résolution
- b. résiliation
- c. nullité

4 Le dol émane :
- a. du cocontractant
- b. d'un tiers

5 L'obligation de résultat :
- a. oblige à obtenir le résultat prévu au contrat
- b. oblige à faire tout ce qui est possible pour obtenir le résultat prévu au contrat

6 La clause de réserve de propriété est :
- a. verbale
- b. écrite

7 La durée d'un engagement peut être :
- a. perpétuelle
- b. déterminée
- c. indéterminée

8 Le porte-fort :
- a. est tenu personnellement d'exécuter les obligations qu'il souscrit
- b. est tenu personnellement, si le bénéficiaire ne ratifie pas
- c. n'est pas tenu des obligations qu'il a souscrites

9 La violence :
- a. peut être exercée sur un tiers étranger au contractant
- b. doit être exercée sur le contractant
- c. peut être exercée sur l'époux(se) du contractant, ses ascendants et ses descendants

10 La clause de réserve de propriété :

a. est insérée dans le contrat une fois pour toutes
b. doit être renouvelée à chaque livraison

L'ÉVOLUTION DU CONTRAT

Une question peut admettre plusieurs réponses.

1 Quand le contenu d'un contrat est obscur, le juge peut :

a. l'annuler
b. l'interpréter en faveur du débiteur
c. l'interpréter en faveur du créancier

2 Pour protéger le créancier contre la dévaluation monétaire, il est possible d'insérer dans le contrat :

a. une clause d'indexation sur le SMIC
b. une clause d'indexation sur le niveau général des prix
c. une clause en relation avec l'objet du contrat ou l'activité de l'une des parties
d. une clause or

3 Un acte ou un droit opposable aux tiers :

a. n'a pas force obligatoire à l'égard des tiers
b. doit être respecté par les tiers

4 La révocation unilatérale d'un contrat à durée indéterminée est

a. possible
b. impossible

5 L'obligation de rembourser 1 000 euros le 20 décembre 2012 est :

a. une obligation de moyens
b. une obligation de résultat
c. une obligation de faire
d. une obligation de donner

6 Un contrat peut être modifié :

a. par la volonté commune des parties
b. par le juge, parce que les conditions économiques ont changé
c. parce que l'un des contractants ne l'exécute pas

7 La clause fixant dans le contrat le montant des dommages–intérêts en cas d'inexécution est :

a. une astreinte
b. une clause pénale
c. une clause résolutoire

8 Le contrat à durée déterminée prend fin :

a. par l'arrivée du terme
b. par la volonté unilatérale de l'une des parties
c. par l'inexécution par l'une des parties

9 L'anéantissement rétroactif d'une vente pour inexécution est :

a. une nullité
b. une résolution
c. une résiliation

10 La tacite reconduction :

a. est une prolongation verbale du contrat
b. une prolongation écrite du contrat
c. une prolongation implicite du contrat
d. un nouveau contrat

LES RELATIONS CONTRACTUELLES AVEC LA PERSONNE PUBLIQUE

Une question peut admettre plusieurs réponses.

1 En application du principe d'autonomie de la volonté, une clause exorbitante du droit commun peut être insérée :

a. dans un contrat de droit privé
b. dans un contrat administratif

2 Une personne publique :

a. ne peut conclure des contrats de droit privé
b. ne peut conclure que des contrats administratifs
c. peut conclure des contrats de droit privé et des contrats administratifs

3 Une personne privée :

a. peut toujours occuper le domaine public
b. ne peut occuper le domaine public
c. peut occuper le domaine public en vertu d'un contrat administratif

4 La modification du contrat pour imprévision est possible :

a. dans les contrats de droit privé
b. dans les contrats de doit public
c. dans les contrats de toutes natures

5 **Il y a imprévision lorsque :**

a. les contractants ont oublié d'insérer une clause dans le contrat
b. l'équilibre du contrat est rompu pour un cas de force majeure
c. l'équilibre du contrat est rompu temporairement

6 **Les marchés publics sont conclus entre :**

a. deux personnes publiques
b. une personne publique et une personne privée

7 **Les marchés publics sont soumis :**

a. à une réglementation impérative
b. au principe d'autonomie de la volonté

8 **La modification unilatérale du contrat administratif par l'administration :**

a. est possible à certaines conditions
b. est impossible

9 **La modification unilatérale du contrat par l'administration :**

a. ouvre toujours droit à indemnisation du contractant
b. n'ouvre jamais droit à indemnisation du contractant
c. ouvre parfois droit à indemnisation du contractant

10 **Peuvent contester la validité d'un marché public :**

a. tous les tiers étrangers à ce contrat
b. seulement les candidats malchanceux

Conception graphique intérieur : Killiwatch
Iconographie : Marie-France Naslednikov
Illustration : Anne Gallet
Composition et infographie : STDI
Éditions Foucher – vanves – dépôt légal : avril 2011 –02 – CPS/EG/OLG
Achevé d'imprimer en Italie par LEGO SpA en avril 2012